사랑이 서툰 엄마
사랑이 고픈 아이

사랑이 서툰 엄마
사랑이 고픈 아이

1판 1쇄 인쇄 2006년 10월 10일
1판 11쇄 발행 2012년 3월 15일

지은이 이보연
펴낸이 김영곤 펴낸곳 (주)북이십일 아울북
부사장 임병주 기획편집 나은경, 서지연, 심지혜, 윤영림 윤문 이경숙
북디자인 김선영 본문디자인 디박스 일러스트 서영아
마케팅영업본부장 최창규 마케팅 김현섭 김현유 강서영 영업 이경희 정병철
출판등록 2000년 5월 6일 제10-1965호
주소 (우 413-756) 경기도 파주시 문발동 파주출판문화정보산업단지 518-3
대표전화 031-955-2100 팩스 031-955-2151 이메일 book21@book21.co.kr
홈페이지 www.book21.com 21세기북스 트위터 @21cbook 블로그 b.book21.com

값 10,000원
ISBN 978-89-509-0976-5

Copyright©2006 by book21 아울북. All rights Reserved.
First edition printed 2006. Printed in Korea.

이 책 내용의 일부 또는 전부를 재사용하려면 반드시 (주)북이십일의 동의를 얻어야 합니다.
잘못 만들어진 책은 구입하신 서점에서 교환해 드립니다.

사랑이 서툰 엄마
사랑이 고픈 아이

머리말

　요즘 들어 부쩍 15년 전 나를 기다리던 어느 모녀가 생각난다. 여섯 살짜리 곱슬머리 꼬마와 어릴 때 소아마비를 앓아 다리를 절룩거리던 고운 얼굴의 아이 엄마. 그들은 놀이치료를 배우면서 놀이치료사의 꿈을 키워나가던 시절, 처음 만난 내담자다.
　제대로 된 아동상담센터도, 놀이치료를 할 공간도, 놀이치료에 대해 아는 사람들도 없던 그 시절, 누군가에게 그 모녀의 이야기를 전해 들은 나는 도움을 주겠다고 나섰다. 그들 모녀는 그저 의욕만 가득찬 대학원생이었던 생초보 놀이치료사를 정말로 환대해주었고, 그 맛에 나는 온갖 장난감을 넣은 커다란 가방을 들고 버스로 한 시간 반 걸리는 서울 외곽의 조그마한 마을까지 피곤한 줄 모르고 다녔다.
　그들 모녀는 내가 도착할 무렵이면 늘 정류장에 나와 환한 미소로 날 반겨주었다. 아이는 발을 동동 구르며 반갑다는 표시를 하고 한걸음에 달려와 내 손을 잡고, 아이 엄마는 불편한 몸에도 내 짐 가방을 나누려했다. 그렇게 15분여를 도란도란 수다를 떨며 걷다보면 그들 모녀의 작은 단칸방이 나타나고, 아이 엄마가 근처 언니 집으로 자리를 내주면 잠시 후 그 방은 근사한 놀이치료실로 변했다.
　아이는 마치 내 가방이 마술 상자라도 되듯이 감탄했고, 우리는 그렇게 즐거움과 흥분 속에 한 시간을 보냈다. 집에 돌아올 때면 아이 엄마는 먼 길을 달려와 공짜로 자신들을 도와준다며 내 손을 잡고 눈물을 글썽거렸다. 그들 모녀와의 인연은 6개월 동안 계속되었는데, 그들은 내게 고마워했지만 사실 감사해야 할 사람은 나였다. 내게 놀이치료의 매력을 알려주고 놀이치료사를 직업으로 삼게 해준 이들이기 때문이다.

그동안 세월이 흘러 내 이름을 건 상담센터를 갖추게 되었고 많은 아이들을 만나게 되었다. 나와 함께 한 아이들 모두 내게는 고마운 존재들이다. 따돌림을 당하고, 불안하고, 우울하고, 약해서 마음이 아파 날 찾은 아이들은 조그만 희망이라도 보이면 그걸 강하게 움켜쥐고 강인한 생명력과 치유의 힘을 보여주었다. 그들을 통해 난 생명의 소중함과 강인함을 느끼고 배우게 되었다. 이 글에서 만나게 될 미정이 역시 그러한 아이들 중 한 명이다. 미정이는 뛰어난 은유와 통찰력으로 자신의 문제를 바라보고 결국 세상과 화해를 청한다. 어찌 보면 어른들보다 더 넓은 포용력을 지니고 있는 아이다. 아이들은 어른들이 손만 내밀면 얼른 다가와 그 손을 잡을 준비가 되어 있다. 이 글을 읽고 우리 부모들이 보다 아이들의 마음을 잘 알게 되어 진정한 사랑으로 마음이 통하게 되길 바란다.

이보연

목차

첫 만남
010

분홍 양말
025

아이 때문에 부담 갖기는 싫어요
029

꽉 막힌 집
035

둘리야, 안녕!
046

열 번째 생일
055

말하기-느끼기-행동하기 게임
058

실패를 두려워하는 아이
064

달라고 해도 되는 거였어요?
074

나쁜 엄마
086

말 잘 듣는 종이봉지 공주는 싫어요
089

우리 애가 이상해졌어요
099

불꽃에 가둔 여자
108

휘고 못생긴 나무
114

나는 나쁜 아이예요
127

엄마도 자식을 버릴 수 있어요!
138

사과를 해!
144

아이 때문에 힘들어요
154

미친 배 놀이
160

엄마의 고백
168

너도 당해봐라!
174

용기를 내자!
180

마녀는 나쁘지 않아요
185

내 마음이 어떤지 말해봐요!
192

마음은 표현한 만큼만 알 수 있어
200

나만의 집
205

벽을 허물다
213

나는 소중하니까!
225

상처
242

엄마라는 이름으로
253

다시 가는 시계
259

나는 향기로운 꽃나무랍니다
263

더 넓은 세상을 향하여
270

화사한 꽃으로 피어나
275

첫 만남

　　　　　　　　　　　"네가 미정이구나. 반갑다."

　나는 미소를 머금고 아이를 바라보았다. 그러나 탁자 건너편에 마주 앉은 아이는 반응이 없다. 처음 상담실에 들어올 때부터 줄곧 고개를 돌린 채 벽만 바라보고 있다. 행여 나와 눈이 마주치기라도 할까봐 불안한 듯 아이의 눈은 상담실 벽과 책상 사이를 어색하게 오간다.

　차트에 적힌 인적사항을 떠올리며 아이의 모습을 찬찬히 살펴보았다. 가장 먼저 눈에 띄는 건 옆선에 빨강 줄을 댄 연두색 트레이닝복 차림이다. 초등학교 3학년 여자 아이에게는 별로 어울리지 않는 색상인데다 약간 살집이 있는 몸집을 더 뚱뚱해 보이게 하는, 한마디로 외출복으로는 좀 아니다 싶은 옷이다. 머리 또한 대충 손으로 빗어 한 갈래로 묶은 것이 언뜻 보기에도 엄마의 손길이 닿지 않은 어설픈 모습이다.

문득 미정이 엄마의 모습이 떠올랐다. 아이와는 딴판이다. 그녀의 첫 인상은 여느 엄마들과는 좀 다른 데가 있었다. 결혼생활 십 년 지난 여자들에게서 풍기는 펑퍼짐한 나른함 따위는 찾아볼 수 없는 모습이다. 군살 하나 없는 몸매와 나이를 가늠하기 어려운 얼굴에서는 자신을 관리하는 사람의 긴장감이 엿보이고, 몸매를 적당히 드러내는 바지와 깔끔하고 세련된 자켓, 옷과 잘 어울리는 액세서리, 그리고 정성 들여 세팅한 헤어스타일에서는 여느 주부들과는 다른 뛰어난 센스가 느껴지는 사람이다.

대개 그런 유형의 사람들은 완벽주의적인 성향을 갖고 있어서 자기 자신뿐 아니라 주위 사람들, 특히 가족까지 철저히 관리하기 쉽다. 남편도 자식도 모델처럼 꾸며 온 가족이 잡지에서 막 빠져나온 듯 사람들의 주목을 끄는 경우가 많다. 정장 차림에 무스를 바른 말쑥한 귀공자인 미정이 남동생만 보면 미정 엄마 역시 그런 유형에 속하는 것처럼 보인다. 그런데 왜 유독 미정이에게는 그 손길이 미치지 않는 것일까?

미정이에 대한 심리 검사 결과를 떠올렸다.
지능은 114, 그만하면 평균을 웃돌 정도로 좋은 편이나, 언어 표현 능력이 부족하다. 특히 사회성이 현저하게 부족하고 그에 따른 문제 해결력이 떨어진다. 자기 감정과 생각을 적절하게 표현하지 못하고 주장하지도 못하는 아이다. 외부의 자극에도 느린 반응을 보이는 등 표면적으론 우울한 모습이라 약간 저능아처럼 보일 수 있다. 그러나 내적으로는 우수한 잠재력을 가지고 있음이 분명하다. 억압이 심하거나 충분한 애정과 관심을 받지 못한 환경으로 인해 내면에 분노가 가득하므로 위축되어 있던 감정을 돌발적으로 폭발할 가능성도 있다.

한마디로 잠재력이 우수한 아이가 어떤 피치 못할 사정으로 자신의 능력을 펼치지 못하고 있는 것이다. 도대체 이들 모녀에게는 어떤 일이 있었던 것일까? 그들의 가정에서는 무슨 일이 벌어지고 있는 것일까?

"내 소개를 먼저 할게. 난 이보연이야. 나를 부를 땐 선생님이라고 불러도 되고 이보연 선생님이라고 불러도 돼. 다르게 부르고 싶으면 그렇게 불러도 되고."

"……."

어색한 분위기를 바꿔보고자 내 소개를 시작했다. 되도록 미정이에게 부담을 주지 않으려고 최대한 부드럽고 차분한 목소리로….

"앞으로 우린 일주일에 한 번씩 이 방에서 만나게 될 거야. 오늘이 수요일 3시니까. 앞으로 매주 수요일 3시에 만나게 되겠지…."

"……."

"미정아, 나는 이 방을 특별한 방이라고 불러. 왜냐하면 여기에서는 뭐든지 네가 스스로 결정하고 선택할 수 있거든… 놀고 싶으면 놀고, 이야기를 나누고 싶으면 이야기를 나눠도 돼. 처음엔 스스로 결정하고 선택하는 게 쉽지 않을지도 모르겠어. 하지만 점차 익숙해질 거야. 신발도 처음 신으면 어색하지만 자꾸 신으면 편해지잖아. 그거랑 똑같아. 음… 그리고 가끔은 선생님이 어떤 것들을 제안하기도 할 거야. 하지만 원치 않거나 아직 준비가 안 되었다면 선생님에게 말하면 돼. 이 방에서는 너의 의견이 제일 중요하니까. 이 방에서 우리가 함께 보낼 시간은 45분 동안이야. 중간에 화장실에 가고 싶으면 한 번 정도는 나갈 수 있어. 나에 대한 소개와 이 방에 대한 설명은 이 정도면 될 것 같은데… 혹시 궁금한 게 있으면 물어 보렴."

"……."

그러나 미정이는 여전히 말이 없다. 표현이 억제된 아이들은 이렇듯 처음엔 좀처럼 반응을 보이지 않는다.

"하고 싶은 게 있으면 무엇이든 해도 돼."

"……."

입을 다문 아이의 눈길이 흔들린다. 자기 앞에 앉아 미소 지

으며 말을 거는 낯선 사람을 어떻게 대해야 할지 도무지 판단이 서지 않는 모양이다. 어떻게 행동을 해야 할지, 무슨 말을 해야 할지, 난감한 것이다. 몇 분 지나지 않았는데도 벌써부터 출입문을 힐끗거리고 있다. 아이의 불편한 마음이 감지되었지만 나는 아무런 말도 하지 않았다. 지금은 겁먹은 작은 소녀를 그저 따뜻한 눈길로 바라봐줄 수 있을 뿐이다. 이 '특별한 방'의 주인은 미정이라고 알려주었으니 주인의 권리를 최대한 존중해야 한다.

침묵의 시간이 천천히 흘렀다. 바닥과 출입문을 번갈아 응시하던 눈길이 조금씩 잦아들면서 놀잇감이 진열되어 있는 선반 쪽으로 아이의 시선이 옮아간다.

"여기엔 뭐가 참 많지? 미정이는 이 방이 처음이니까 이 방에 무엇이 있는지 소개를 좀 해줘야겠구나. 이쪽엔 여러 종류의 사람들이 있단다. 어른, 아이, 할머니, 할아버지. 군인. 간호사… 아주 작은 아기도 있지. 그리고 이쪽에는 뭐가 있을까? 비행기, 자동차, 배가 있네. 또 집이랑 나무들도 있고…."

미정이의 눈길이 내가 이끄는 대로 따라온다. 하지만 정작 내가 미정이를 바라보면 얼른 바닥으로 눈을 내리깐다. 마지막으로 방 한가운데 있는 커다란 나무 상자를 소개할 차례가 왔다.

"아, 참. 나는 이 방을 모래 놀이방이라고도 해."

이런 말을 하면 아이들은 대개 의아한 표정을 짓게 마련이다. 바닥에 모래가 깔려 있는 게 아니니까. 원래 모래 놀이는 바닥에 모래를 깔고 노는 게 원칙이지만 상담실에서는 모래를 넣은 상자를 갖고 논다. 그래서 아이들은 '모래도 없는데 왜 모래 놀이방이에요?' 라는 의문을 갖곤 하는데, 이 아이는 그런 반응조차 없다.

뚜껑을 열고 조금 멀찍이 서 있는 미정이에게 다가오라 손짓했다. 마지못해 느릿느릿 다가오는 아이에게 상자 안에 담긴 모래를 보여주며 말했다.

"손 좀 줘 볼래?"

어색한 듯 우물쭈물 내미는 손을 천천히 끌어당겨 살며시 잡앉다. 손바닥을 펼쳐서 모래를 한 줌 얹고는 살살 비벼주었다.

"느낌이 어떠니?"

아이는 머뭇거리다가 모래를 털고 바지에 손을 문지르며 대답한다.

"…모르겠어요…."

"모래 장난 해 본 적은 있니? 그 때는 어땠어?"

"…생각…안 나요."

아! 이 아이는 마치 거북이 같다. 감정이나 생각뿐 아니라 감각까지 두꺼운 껍질 속에 꼭꼭 숨겨놓은, 겁 많은 거북이. 누가 등을 치기만 해도 목을 감춰버리는 동물.

감각은 인간이 최초로 외부 세계를 인식하는 방법이다. 아기들은 말을 배우기 전부터 상대방이 자신을 좋아하는지 싫어하는지 알 수 있다. 감각으로 알아내는 것이다. 예를 들면 부모의 부드러운 손길에서 애정을 느끼고, 거칠게 다루는 손길에서 두려움과 미움을 알아챈다. 그래서 어릴 때 부모의 부드러운 보살핌 속에서 좋은 것을 보고 듣고 만지고 냄새 맡으며 자란 아이는 감각을 긍정적으로 여기고 즐기게 된다. 반면 거칠고 아프고 불쾌한 느낌을 자주 경험한 아이는 불쾌한 자극으로부터 자신을 보호하기 위해 지나치게 예민해지거나 둔감해지게 된다.

이제껏 내가 만난 아이들 중에도 그런 아이들이 많았다. 너무 민감해서 작은 접촉에도 바르르 떨고 미세한 소리에도 질겁하는 아이들이 있는가 하면 반대로 너무 둔해서 모서리에 머리를 부딪혀도, 살포시 안아줘도 꿈쩍 않는 통나무 같은 아이들도 있다. 겉으로는 둔탁하고 무신경해 보이지만 최대한 상처 받지 않으려고 딱딱한 등껍질로 무장한 아이들. 미정이도 그런 아이들 중 하나였다.

이런 아이들에게 가장 필요한 건 좋은 감각이다. 따뜻하고 편안하고 즐거운 감각을 느낌으로써 자신이 얼마나 아름답고 소중한 존재인지 느끼는 것이 중요하다. 자신이 얼마나 아름답고 소중한 존재인지 깨닫게 되면 더 이상 상처 받을까 걱정하지 않아도 되고 두꺼운 등껍질을 짊어질 필요도 없게 된다. 물론 그렇게 되기까지는 꽤 오랜 시간이 걸릴 것이다.

모래를 털어내는 미정이의 손을 다시 잡아보았다. 아이답지 않게 빳빳하다. 잔뜩 긴장하여 힘이 들어가 있는 경직된 손이다. 이러한 상태에서는 어떠한 감각도 느끼기가 어렵다. 미정이의 주먹 쥔 손을 부드럽게 펼쳐서 손등을 살살 쓰다듬고 손바닥에 묻어 있는 모래도 정성껏 털어주었다. 이런 접촉이 아이의 경직된 마음을 풀어주고 딱딱해진 껍질을 벗겨낼 수 있기를 간절히 바라면서….

"어, 여기 예쁜 점이 있네."

미정이의 손바닥에 작고 선명한 까만 점이 보인다.

짐짓 감탄하며 점을 쓰다듬어주니 어색한 듯 손을 뺀다. 쑥스러워하는 표정이지만 싫어하는 눈빛은 아니다.

고개를 숙이고 있는 아이의 눈길을 따라 발치를 내려다보니 분홍색 양말을 신은 자그마한 발이 눈에 들어왔다.

"어머 분홍색 양말을 신었네! 발이 참 예쁘구나!"

겸연쩍은 얼굴로 발가락을 꼼지락거리더니 다른 곳으로 눈길을 돌리는 미정이. 입가에 보일 듯 말듯 미소가 밴다. 이 방에 들어와 처음 보이는 웃음이다. 나도 미소를 지어보이며 말을 이었다.

"이 방 소개는 이제 대충 끝난 것 같네. 혹시 더 궁금한 점이 있으면 물어보렴."

그러나 미정이는 말이 없다. 여전히 눈만 껌뻑이며 얼어붙은 듯 그 자리에 그대로 서있다.

"뭘 하면 좋을지 결정하기 어려운가 보구나. 괜찮아. 꼭 뭘 해야만 하는 건 아니니까. 이 방에 있는 모형과 장난감들을 갖고 놀든 아무 것도 하지 않고 가만히 있든 다 네 맘대로야. 45분 동안은 네가 주인이니까."

아이는 시선을 어디에 두어야 할지 몰라 우물쭈물하며 손만 만지작거린다. 그동안 스스로 무엇을 선택하고 결정해 본 경험이 없었다는 게 느껴진다.

얼마나 기다렸을까? 망설이던 미정이가 조심스럽게 모래 상자에 다가가더니 손가락을 하나 모래 속에 찔러 넣었다. 아주 살짝…. 나는 내심 놀라웠지만 짐짓 태연하게 아이의 행동을 말해주었다.

"모래에 구멍을 냈구나."

아이는 손가락 끝에 붙은 모래알들을 곧 털어버리더니 이번에는 천천히 손을 뻗어 작은 동그라미를 그리고는 또 곧바로 지워버렸다.

"모래에 동그라미를 그렸구나…."

내 얼굴을 힐끔 보다가 눈이 마주치자 찔끔하여 다른 데로 눈을 돌리는 미정이. 마지못해 한다는 듯 모래에 손바닥을 대보고, 한 줌 움켜쥐었다가 누가 볼 새라 얼른 펴서 손바닥을 털어낸다.

벽에 걸린 뻐꾸기 시계를 슬그머니 쳐다보더니 출입문을 향했다가 움찔 놀라며 내 눈치를 본다. 살짝 웃어주었더니 모래와 나를 번갈아 흘깃거리면서 하품을 한다.

자그마하지만 놀이방엔 벽마다 선반이 있고, 그 위에는 갖가지 모형들이 빼곡하다. 아이들은 인형극을 하며 놀기도 하고, 모래를 맘껏 주무르며 방바닥에 모래를 흘리기도 한다. 처음부터 활발하게 놀지는 못하겠지만 적어도 호기심으로 두리번거릴 만한 곳이고, 위험한 행동만 아니라면 고래고래 소리를 지르든 뛰어 놀든 아이 맘대로 할 수 있는 자유로운 공간이다.

그러나 미정이는 무기력했다. 자유마저 누릴 힘이 없는 듯 자신에게 주어진 시간과 공간과 놀잇감들 앞에서 한없이 침울한 얼굴로 머뭇거리고 있는 것이다.

나는 미정이가 작은 움직임이라도 보이면 그 움직임을 말로 표현해주었다. 그건 아이에 대한 관심이 얼마나 지극한지를 보여주는 방법이다.

하지만 왜, 무엇을 하려고 동그라미를 그렸는지 묻지 않았다. 시계를 훔쳐보며 내 눈치를 볼 때 놀이방에 있는 게 싫으냐고 다그쳐 묻지도 않았다. 무엇을 하든 자유라고 약속했기 때문이다. 이 아이에겐 아무것도 안 하고 멍하니 앉아 있어도 야단치지 않는, 억지로 강요하지 않고 함부로 판단하지도 않는,

있는 그대로의 자신이 받아들여지는 경험이 무엇보다 필요하기 때문에.

첫 만남의 45분은 그렇게 흘러갔다. 나는 미정이의 눈을 바라보며 시간이 종료되었음을 알렸다.
"시간이 다 되었구나. 오늘은 이렇게 마치고 다음 주 수요일에 다시 만나자."
"안녕히 계세요…."
아이는 지루해하던 태도와 달리 차분하게 인사한 뒤, 대기실에서 기다리던 엄마를 따라 문을 나선다. 뒤따르던 초등학교 1학년이라는 남동생이 누나의 머리카락을 잡아당기며 귀찮게 한다. 미정이는 그래도 묵묵히 걸어간다.

분홍 양말

　　　　　　　　　　　두 번째 만남이다. 미정이는 검은 색 남방에 청바지를 입고 나타났다. 그런데 바지가 너무 헐렁하다. 살찐 몸매를 드러내기 싫어서 일부러 한 치수 큰 걸로 입은 것 같다.

　반갑게 맞이했더니 내 눈길을 슬쩍 피하면서 고개를 숙인다. 발을 보니 지난번에 보았던 그 분홍색 양말을 신고 있다.

　"오늘도 예쁜 분홍 양말을 신었구나."

　내가 그 양말을 기억하고 있다는 사실에 기분이 좋을 텐데도 아이는 '그랬었나?' 짐짓 딴청이다.

놀이방 문을 열어주며 들어가자고 하니, 뚱한 얼굴로 "또 들어가요?" 한다.

"그래, 우리의 특별한 방으로 들어갈 시간이야."

아이는 느릿느릿 따라 들어오더니 구석으로 가서 방을 둘러본다.

"오늘은 무얼 하고 싶니?"

"모르겠어요."

여전히 소극적이지만 대답이라도 하니 첫날보다는 발전이다.

"내가 도울 일이 있으면 말해줘."

대답 대신 내 눈치를 보더니 주춤주춤 모래 상자 앞으로 가서 모래를 만지기 시작했다.

잠시 후 상자 구석에 조그만 모래 언덕이 생겼다. 미정이는 나무 모형을 갖고 와서 언덕 주위를 빽빽하게 둘러싸더니 이내 나무를 뽑아내고 언덕을 뭉개버린다. 또 언덕을 만들고, 또 부수고… 계속 꼼지락거리며 만들고 부수기를 반복하다가 손가락으로 모래를 휘휘 젓더니, 하품을 하며 시계를 쳐다본다.

이리 저리 방을 둘러보던 미정이의 시선이 탁자 위에 있는 보드게임에서 멈추었다.

"궁금하니?"

대답은 없지만 눈길이 떨어지지 않는 걸 보면 관심이 있는 모양이다.

"이건 말하는 게임인데, 한번 해볼래?"

게임이란 말에 관심이 가는 눈치지만 "… 안 할래요"라고 대답한다.

"지금은 하고 싶지 않구나. 하고 싶어지면 언제든지 말하렴."

미정이는 의자로 다가가더니 엉덩이를 반만 걸치고 엉거주춤 앉는다. 나도 옆으로 가서 나란히 앉았다.

"등을 기대고 편히 앉아도 돼"라고 하니 의자 깊숙이 앉으며 등을 기댄다. 나는 허리를 쭉 펴고 기지개를 한바탕 켰다.

"아! 시원하다."

미정이는 내 행동을 슬금슬금 훔쳐볼 뿐 따라하지는 않는다. 나는 미정이의 왼쪽 팔을 당겨 손을 잡고 살그머니 깍지를 끼었다. 어색한 듯 주춤하는 기색이지만 손을 빼지는 않는다. 깍지 낀 손을 앞뒤로 몇 번 흔들면서 다리도 장난스럽게 흔들었다.
"손이 참 따뜻하구나."
미정이의 얼굴에 히죽, 한쪽 입 꼬리만 올라가는 희미한 웃음이 번지다가 이내 흩어진다. 씽긋 웃어주고는 손깍지를 풀어 가만히 손을 잡고는 물었다.
"혼자 있을 땐 뭘 하면서 노니?"
미정이는 한참 뜸을 들이더니 "생각 안 나요…"라고 한다.

두 번째 만남은 그렇게 끝났다. 약속이 있다며 나갔던 미정 엄마는 시간 맞춰 돌아왔다. 딸의 상태 같은 것은 안중에도 없는지 딸과 눈길 한번 맞추지 않은 채 내게 깍듯이 인사를 건네고는 서둘러 나가버렸다.

아이 때문에 부담 갖기는 싫어요

 배웅을 마치고 나서 다시 검사 자료를 꺼내 훑어보았다. 자료 파일을 천천히 넘기다보니 심리 검사 때 미정이가 그린 그림이 눈에 띈다. 그림은 아이의 현재 심리 상태를 파악하는 데 중요한 자료가 된다. 또한 치료에도 도움이 된다.

할머니가 혼자 사는 집이라는 설명이 붙어 있는 미정이의 그림 속에는 초가집 한 채만 달랑 그려져 있다. 마당에는 그 흔한 강아지 한 마리 찾아볼 수 없다. 뿐만 아니라 문이 모두 닫혀 있고 댓돌에 고무신 한 켤레만 오도카니 놓여 있어 썰렁하기

그지없다. 그림 속 초가집이 너무나도 외로워 보여 마음이 아팠다.

"놀이 치료가 필요할 것 같습니다."

미정이의 심리 검사를 담당했던 최 선생과의 전화 통화 내용이 떠올랐다. 미정이 학교 근처의 정신보건센터에서 일하고 있는 최 선생은 미정이 담임 선생님의 의뢰로 미정이를 만나게 되었다고 했다. 담임 선생님은 미정이가 평소 말이 없고 질문에도 대답을 잘 하지 못해 아이들에게 자주 놀림을 받았는데, 최근에는 몇몇 아이들이 노골적으로 미정이를 괴롭히는 것을 목격했다고 한다. 우선 미정이를 놀린 아이들을 따끔하게 훈계하기는 했지만 근본적인 대책이 필요할 것 같아 심리 검사를 의뢰하게 되었다고 했다. 평가를 하는 과정에서 미정이 엄마와 잠깐 면담할 기회가 있었지만 평가 받는 것에 대한 심리적 거부감이 커서 깊은 이야기를 나눌 수 없었다며 아쉬워했다.

"심리 검사 결과, 무기력감과 정서적 위축이 심하네요. 우울증이 의심되니 놀이 치료가 꼭 필요합니다. 부모님이 소극적이라서 제가 대신 선생님께 치료를 의뢰하는 건데요. 부모님이 치료에 대한 거부감이 강해서 저항이 만만치 않을 테니 각오를 단단히 하셔야 할 겁니다."

최 선생과 통화한 며칠 뒤, 미정 엄마와의 첫 만남이 이루어졌다. 약속 시간보다 10분 늦게 아들 손을 잡고 나타난 그녀는 "이보연 선생님이시지요? 말씀 많이 들었습니다"라고 깍듯이 인사를 했다.

"우리 애가… 왜 그런지 모르겠어요. 공부도 하는 것에 비해 성적이 안 나오고, 사람들 앞에서 자기 얘기를 제대로 못하네요. 친구들하고도 통 못 어울리고…."

요즘 유행하는 팽이를 신나게 돌리고 있는 아들을 사랑스러운 눈길로 보더니 다시 말을 이어갔다.

"동생은 똘똘하고 활달한데… 누나가 오히려 동생에게 치인다니까요. 담임선생님께서 아이가 학교에서 쉬는 시간에도 친구들과 어울리지 못하고 아이들에게도 무시 당하는 것 같다고 하시면서… 이러다간 왕따 당할지도 모른다고 하셔서 상담을 받게 된 거예요. 게다가 선생님이 아이가 뭔가 쌓인 게 있는 것 같다고 하셔서 알려주신 곳에서 심리 검사도 받아봤는데, 근데 머리에 문제가 있는 건 아니라네요."

내가 말할 틈도 없다. 미간을 살짝 찌푸린 채 미리 준비해 온 대사를 외듯 말을 쏟아냈다. 침착한 태도를 유지하려 애쓰고는 있지만 말을 하는 내내 손가락은 신경질적으로 손수건을 쥐어짜고 있었다. 아이 문제로 상담실을 찾은 게 내심 창피스럽고, 화가 나기도 한 것 같았다. 내 이야기는 들을 필요도 없다는 태도로 아들 손을 잡고 일어나더니 "그럼, 미정이는 다음 주 수요일에 오면 되죠? 잘 부탁드릴게요" 하고는 나가려고 했다.

"어머니!"

나는 얼른 그녀를 불러 세웠다.

"시간이 되신다면 어머님과도 이야기를 나누고 싶군요. 시간 좀 내주실 수 있겠어요? 어머님 편한 시간에 맞추도록 할게요."

나의 갑작스러운 제안에 당황한 듯 그녀의 얼굴이 잠시 흔들렸다. 그러나 이내 냉정한 표정이 되었다.

"애들 아빠도 그렇고 저도 그렇고, 저희에게 문제가 있는 게 아니잖아요. 저흰 아이에게 잘못한 게 없어요. 그러니까 저희에게 부담을 주시진 말았으면 해요. 특히 애들 아빠는 상담 자체를 반대해요. 그래서 오늘도 몰래 온 거예요. 어렵게 시작한 건데, 이러시면 상담 받기 힘들어져요."

그녀는 나를 천천히 쳐다보며 말했다. 그 눈길에서 단호함과 함께 애절함이 배어나왔다.

"미정이만 잘하면 우린 문제가 될 게 없는 집이에요."

더 이상 말이 필요 없었다.

"그래요, 어머님. 다음에… 마음이 바뀌시면 그 때 이야기하죠."

그녀는 내 말이 채 끝나기도 전에 아들 손을 잡고 서둘러 상담실을 빠져 나갔다.

"저희에게 부담을 주시진 말았으면 해요."

단호하게 말하던 모습이 아직도 생생하다. 미정이 부모에게 도움과 변화를 기대하기 어려울지도 모르겠다는 생각이 들었다. 설불리 조언을 했다가는 미정이가 치료실에 올 수 없게 될

지도 모른다. 두 마리의 토끼를 잡으려다가 둘 다 놓칠 수도 있으니 가능성 있는 쪽부터 시작하자.

지난 십 수 년 동안 만나온 아이들은 늘 기대 이상의 모습을 보여 주었다. 미정이에게도 그러한 능력이 있기를 기대한다. 스스로를 변화시켜 가족들까지 달라지게 만들기를 기대한다. 몸에 켜켜이 쌓인 먼지를 훌훌 털어내고 보석처럼 반짝이는 참 모습을 드러내면 그 광채가 주변의 먼지를 비추어서 마침내 주변의 돌들도 먼지를 걷어내고 보석이 될 수 있을 것이다.

그 때가 되면 미정이 부모는 "얘만 없으면 우리 가족은 아무 문제가 없어요"라는 말 대신 "얘 덕분에 우리 가족이 행복해졌답니다"라는 말을 하게 되리라.

한편으로 미정이 엄마에 대한 궁금증이 생겼다. 아들을 쳐다보는 눈빛을 보면 따뜻한 엄마고 정 많은 사람임이 분명한데, 왜 미정이는 이런 어려움을 갖게 되었을까? 남편의 반대에도 불구하고 치료실을 찾은 것을 보면 용기 있는 사람일 텐데 왜 상담 과정에 도움을 줄 용기는 내지 못하는 걸까? 여러 가지 의문이 꼬리를 이었지만 일단 뒤로 미뤄 두기로 했다.

꽉 막힌 집

 네 번째 날, 오늘은 비가 내렸다. 바람을 타고 유리창을 때리며 흘러내리는 가을비 너머로 길가의 나무들이 보인다. 촉촉이 젖어 검은 빛이 도는 나무에서 낙엽이 우수수 흩날리고 있다. 바람이 낙엽을 떨구는 건지, 나무가 머리를 흔들어 이파리들을 뿌려대는 건지 모르겠다는 생각을 했다. 바람과 비와 나무, 그리고 낙엽… 자연은 저렇게 어우러져 순리를 향해 흔들리는 중이다. 거리는 빗줄기를 품어 안은 채 넉넉히 비어있다.

3시가 좀 지나 빗물이 뚝뚝 떨어지는 우산을 접으며 미정이네 모녀가 들어섰다. 미정이는 머리에 노란색 핀을 꽂고 수수한 반바지를 입고 있다. 비에 젖어 무겁게 늘어진 바지 끝단 아래로 드러난 종아리가 의외로 가늘다.

"미정이 왔니? 오늘은 노란 머리핀을 꽂고 반바지를 입었네."

미정이가 히죽, 수줍은 듯 어색하게 웃는데, 미간에 주름을 잔뜩 잡은 미정 엄마가 끼어들었다.

"무슨 날씨가 이렇대요? 옷이 다 젖었네."

그리고는 딸을 보더니 "빨리 들어가, 늦었잖아" 하며 다그친다.

그 모습을 지켜보던 내 가슴이 서늘해졌다. 욕 한마디 하지 않았지만 엄마의 모습에서 '너 때문에 내가 무슨 꼴이니?'라는 비난의 메시지가 고스란히 느껴졌기 때문이다. 고개를 숙인 미정이의 목덜미가 참 추워보였다.

짜증을 내던 미정이 엄마는 볼일이 있다면서 나가버렸다. 나는 여느 때처럼 미소를 지으며 놀이방 문을 열어 주었다. 미정

사랑이 서툰 엄마 사랑이 고픈 아이

이는 머뭇거리지도 않고 방 안으로 성큼 들어와 모래 상자 앞으로 다가갔다. 이제 좀 익숙해진 모양이다. 모래 상자 뚜껑을 열어달라기에 열어주니, 갑자기 한숨을 푹 내쉰다. 그러더니 눈을 들어 방을 천천히 둘러보다가 탁자 위에 놓인 보드게임을 쳐다본다.

"게임 하고 싶니?" 하고 물으니 고개를 끄덕인다.
"어떻게 하는지 설명해줄게. 일단 의자에 앉자."
의자에 앉으니 미정이도 따라 앉는다.
"이 놀이는 '말하기, 느끼기, 행동하기 게임'이라고 해. 여기 말판 위에 하얀색, 주황색, 초록색, 그리고 보라색 길이 보이지?"

치료실에는 몇 가지 종류의 게임들이 있다. 모두 아이들의 자기 표현 및 문제 해결 능력을 돕기 위해 고안된 치료용 게임들이다. '말하기, 느끼기, 행동하기 게임'도 치료용 게임 중의 하나인데, 놀이 방법은 간단하다.

주사위를 던져 나온 수대로 말을 움직이되, 말이 멈춘 곳의

색깔과 같은 색의 카드를 뒤집어 그 카드에서 지시한 대로 행동하거나 질문에 대답을 하는 게임이다. 일단 답을 하면 상대방으로부터 칩을 하나 받고 답변 내용이 상대방의 마음에 들면 보너스로 칩을 세 개까지 받을 수 있다.

아이들의 흥미를 돋우기 위해 게임 판에 '회전판' 칸도 있다. 회전판에는 앞으로 세 칸 전진, 뒤로 두 칸 후진, 은행에서 칩 세 개 받기, 왼쪽 사람에게 칩 세 개 주기 등등이 적혀 있는데, 회전판의 화살을 돌려 화살 끝이 가리킨 대로 하면 된다. 예를 들어 화살이 세 칸 전진이라고 적힌 곳을 가리키면 말을 세 칸 앞으로 움직이는 식이다.

게임이 끝날 때까지 칩을 더 많이 모은 사람이 승리하게 되고, 이긴 사람은 연필이나 지우개, 사탕, 풍선 같은 상품을 받을 수 있다.

게임에 대한 설명이 끝나자 미정이가 "지는 사람은 어떡해요?" 조심스럽게 묻는다.

"혹시 지면 어쩌나 걱정이 되나 보구나."

"선생님이 당연히 이길 거잖아요."

"이 게임을 하면 내가 당연히 이길 것 같아?"

"네."

"당연히 질 거라고 생각하면 게임할 맛이 안 날지도 모르겠구나."

"……"

"미정이는 게임에서 이긴 적이 많아, 진 적이 많아?"

"거의 매일 지는데요."

"음. 그래서 이 게임도 질 거라고 생각했구나. 그래서 지금 망설이는 것이고."

"…네."

"이 게임은 처음이고, 그래서 좀 더 걱정이 될 수 있겠네. 그래도 해보고 싶은 마음이 있다면 오늘은 연습 게임으로 할 수도 있어."

"연습이요?"

"응, 연습. 하다가 힘이 들거나 재미가 없으면 그만 하고 싶다고 말하면 되고."

"네."
"그건, 해보겠다는 뜻이니?"
이번에는 희미하게 웃으며 고개를 끄덕인다.
"그래. 한번 해보자. 아무리 연습 게임이라고 해도 누가 먼저 할 건지는 정해야 하는데, 어떤 방법으로 정할까?"
"그냥, 선생님 먼저…."

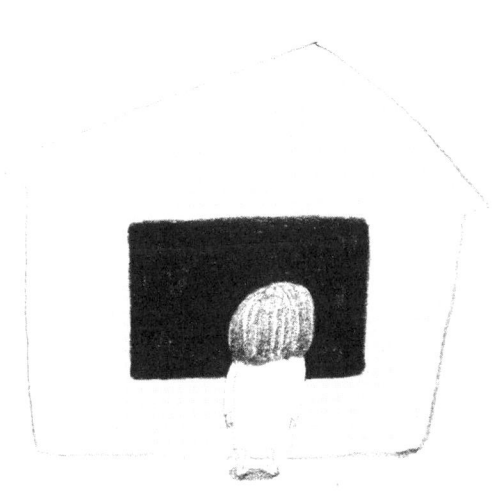

"음, 아니 아니. 그런 건 없어. 어떻게 정할까? 주사위 던지기도 있고, 가위 바위 보도 있고, 뭐가 좋겠니?"

"음… 가위 바위 보요."

"좋아. 미정이는 가위 바위 보로 순서를 정하기로 결정했습니다. 그럼 이긴 사람이 먼저, 진 사람이 먼저?"

"당연히… 이긴 사람이 먼저 아니에요?"

"당연히라고? 하하! 이 방에선 당연하지 않은데, 어떻게 할까?"

"그럼요, 지는 사람이 먼저 던지기로 해요."

"자아! 이번에는 미정이가 지는 사람이 먼저라고 정했습니다! 그럼, 가위 바위 보!"

나는 일부러 "정했습니다"를 강조해서 말했다.

'네겐 네 삶을 결정할 능력이 있고 책임이 있단다!'

그것이 내가 미정이에게 전하고 싶은 메시지였다.

장난스럽게 떠들썩한 목소리로 내가 선창을 하자 미정이도 조그맣게 '가위 바위 보!'를 따라하며 주먹을 낸다. 미정이가 이겼다. 다행이다! 하며 안심하는 미정이.

내가 먼저 주사위를 던져서 주황색이 나왔고 카드에서 지시한대로 손뼉을 세 번 치고, 제자리에서 뛰기 한 번을 했다. 미정이는 '아하! 이런 거라면 나도 할 수 있겠네' 하는 표정으로 지켜보다가 주사위를 던졌다. 말이 도착한 곳은 초록색, 미정이는 초록색 카드를 뒤집었다.

〈한 여자 아이가 울고 있었습니다. 무엇 때문에 울고 있었을까요?〉

미정이는 손으로 입을 가리며 "모르겠어요…"라고 얼버무린다.

다음으로 미정에게 나온 카드는 하얀색인데 〈커다란 집이 있고 창문이 열려 있습니다. 창문으로 들여다보면 무엇이 보일까요?〉라는 질문이 적혀 있었다.

"깜깜해요."

"깜깜하구나. 그래도 뭐가 좀 보이니? 아니면 아무것도 보이지 않니?"

"…그만 할래요."

"그래. 그만 하고 싶으면 여기까지만 하자. 아까 선생님이 그만 하고 싶을 땐 말하라고 했는데, 그 말을 잘 기억하고 있었구나. 네 생각을 말해주니 참 좋구나."

게임 도구를 정리하는 사이, 미정이의 시선은 모래 상자 쪽으로 향한다. 내 얼굴과 모래 상자를 번갈아 보던 미정이는 손가락으로 모래 상자를 가리키며 "저거요…" 하고는 몸을 일으킨다.
몇 번 만져보면서 익숙해진 탓인지 모래 놀이가 더 편한 모양이다.

"모래로 하고 싶은 게 있구나?"
"네, 집이요."
모래상자 앞에 서서 묵묵히 생각에 잠겨 있던 미정이는 들릴 듯 말 듯 희미한 목소리로 대답했다. 그리고는 조금 전 카드에서 집에 대한 질문에 답하지 않았던 것이 마음에 걸린 듯 모래 위에 선을 그어 방을 몇 개 만들더니 벽에 울타리를 둘러치고 방마다 가구를 들여놓는다. 그런데 장롱이며 침대, 책상, 의자, 탁자들을 너무 빼곡하게 배치하는 바람에 사람이 들어갈 공간이 없다. 출입문도 없다.

"집을 지었구나. 방이 많네, 가구도 많고…. 그런데 이 집에는 누가 살고 있을까?"

"모르겠어요…."

침울한 표정으로 자신이 만든 집을 내려다보는 미정이.

주인은 보이지 않고 물건들로 가득 찬, 울타리로 빈틈없이 닫혀 있는 방. 사람이 살 수 없는, 아니 살지 않는 공간. 굳게 닫혀 숨 막히게 답답한 미정이의 마음일 것이다. 아무도 받아들이지 못할 뿐 아니라 주인인 자신의 자리조차 잃어버린 미정이의 집. 그 집에 주인이 돌아오고 가족들이 모이고 친구들도 찾아와 해맑게 웃음 짓는 날은 언제쯤 올까?

둘리야, 안녕!

상담실에 온 지 한 달이 넘었다. 그러나 미정이는 여전히 소극적이다. 먼저 말을 거는 일도 없고, 놀이에도 그다지 의욕을 보이지 않는 편이다. 그러나 상담실에 오는 걸 싫어하는 것 같지는 않다. 나에 대한 경계심은 상당 부분 풀어졌지만 타인과 관계를 맺고 자신을 드러내는 것에 대해서는 아직 저항이 많아 보인다.

오늘도 미정이는 어정쩡한 모습으로 들어와 늘 앉던 구석 자리를 찾았다. 나도 미정이 옆에 앉았다. 한동안 침묵이 흐른다. 내가 먼저 말문을 열었다.

"아, 참. 이 방에 누가 사는지 소개해 줘야겠다. 미정이도 좋아할 거야. 너와 닮은 데도 있거든."

무슨 황당한 소리냐는 얼굴로 나를 쳐다보며 느릿느릿 묻는다.

"누…가…요?"

"잠깐만."

나는 손 인형이 가득 들어있는 바구니에서 둥그런 알 모양의 손 인형을 집어 들어 오른손에 끼고는 뒷짐을 진 채 미정이에게 다가갔다.

"자아! 친구를 소개하겠습니다. 야, 나와! 안 나와? 빨리 나와. 미정이가 기다리잖아."

손 인형을 뒤로 감춘 채 실랑이를 벌이는 척 하니 피식 웃는다. 조금은 궁금해 하는 눈치다.

"궁금하지 않니? 이게 뭔지, 여기 누가 있는지?"

미정이가 눈을 끔벅거리며 그렇다고 대답한다.

부드러운 천으로 만든 둥근 알 속에는 아기 공룡이 숨어 있다. 손을 움직여서 아기 공룡의 몸을 알 밖으로 내 보일 수도 있고, 알 속으로 숨길 수도 있다.

잠깐의 실랑이 끝에 감추었던 알을 미정이에게 보여주었다.

"이 안에 그 친구가 있어."

"그건 알이잖아요."

미정이가 웃으며 말한다.

"이 안에 내가 소개시켜 줄 애가 있다니까. 그런데 얘가 좀 수줍음이 많아. 겁도 좀 있고. 그래서 쉽게 나오진 않지. 잠깐만 기다려 봐."

"똑똑. 여보세요. 여보세요. 아무도 안 계세요?"

그리곤 목소리를 인형극에 나오는 아기 공룡 둘리처럼 바꿔서 대답했다.

"누구야? 누군데 날 찾아?"

"잠깐 문 좀 열고 나와봐. 여기 친구가 왔어. 네가 좋아할 만한 친구야."

"친구? 음… 하지만 난 혼자 있고 싶어. 그러니까 그냥 내버려 둬."

"그러지 말고 나와봐. 안 그러면 후회할 걸."

"음… 그래도 싫어! 무섭단 말야. 날 싫어하면 어떡해!"
"아냐. 날 믿어. 나와!"
"싫어. 네가 부르면 안 나가."
"그럼, 어쩌라구?"
미정이는 나와 인형의 대화를 열심히 듣고 있다.
"너 말고 저기 서있는 여자애 보고 오라고 해."
"미정이 말이니?"
"응."

난 미정이에게 몸을 돌려 말했다.
"얘는 네가 불러야만 나온대."
옆으로 오라고 손짓을 하니 미정이는 어색해 하면서도 다가온다.
미정이 귀에 대고 소곤거렸다.
"미정아. 얘는 겁이 많거든, 부드럽게 여기를 노크하면서 이름을 불러봐."
"얘… 이름이 뭔데요?"

"둘리. 둘리란다."
"공룡이에요?"
"와! 그걸 어떻게 알았어?"

미정이는 내가 들고 있는 공룡 알 앞에 서서 숨을 가다듬었다. 그리고는 알 껍질을 부드럽게 두드렸다.
"누구세요? 누구신데 나를 두드려요?"
나는 둘리의 목소리로 대답을 했다.
"있지이… 네가 둘리니?"
미정이 목소리가 기어들 것처럼 작다.
"누군데 내 이름을 알아요?"
"나… 미정인데….”
자신 없는 목소리로 소곤대는 미정이.
난 다시 미정이에게 속삭였다.
"얘가 좀 긴장했나봐. 알을 쓰다듬어줘봐. 그럼 편안해 할 것 같아."
미정이가 알을 부드럽게 쓰다듬는다. 그 손길에서 미정이의

따스함이 느껴진다.

둘리는 황홀한 듯 "아… 좋아. 이렇게 날 부드럽게 만져주다니, 미정이란 아이는 누굴까?"하고 중얼거리더니 "미정아, 넌 날 좋아해?"하고 물었다.

갑작스러운 질문에 당황한 미정이가 나를 쳐다본다. 난 고개를 끄덕였다.

"응."

"정말? 날 싫어한 사람들도 있었는데?"

내가 둘 사이에 끼어들었다.

"왜? 왜 싫어하는데?"

"내가 못생겨서 싫대. 키도 작고 말도 잘 못 하고, 공부도 못해서 밉대. 다들 나를 무시해. 그래서 난 혼자 있는 게 더 좋아."

"걱정 마. 여기 온 친구는 안 그래. 널 무시하지 않을 거야."

"정말 그럴까? 날 놀리지 않을까?"

나는 미정이를 쳐다보며 대답해주라는 눈빛을 보냈다.

"절대로… 안 놀려."

"그럼… 손만 보여줘야지."

아기공룡 둘리의 손이 구멍에서 쏘옥 나왔다. 살그머니 손을 잡으며 "와아! 손이 정말 귀엽고 부드럽구나! 미정아 너도 좀 만져봐"하고 말했더니 미정이는 얼떨결에 손을 잡는다.

"누구 손인데 이렇게 부드럽지? 넌 누구니? 네가 미정이야?"

"응… 둘리야 안녕?"

둘리가 미심쩍은 목소리로 묻는다.

"정말 나랑 놀고 싶니?"

미정이는 킥 웃으며 "응"한다.

"좋아. 그 대신 정말 놀리지 않기다"라는 말이 끝나자마자 '톡!' 소리를 내며 둘리가 튀어나왔다. 놀란 미정이의 입에서 '핫!' 소리가 새어 나왔다. 나는 눈을 동그랗게 뜨며 소리쳤다.

"와! 미정이가 수줍은 둘리를 나오게 했구나."

내가 기뻐하자 미정이도 손뼉을 치며 웃었다. 상담실에 온 이래 처음 보는 함박웃음이다.

"안녕! 반가워."

"그래. 나도…."

공룡 인형과 인사를 나누는 미정이의 얼굴에는 연신 웃음이 떠나지 않는다.

미정이는 수줍어하면서도 둘리와 더 많은 이야기를 나눴고, 놀이 치료실을 궁금해 하는 둘리에게 나 대신 치료실을 구경시켜줬다. 어쨌든 오늘은 미정이가 치료실에 와서 가장 많은 말을 한 날이 되었다.

약속된 시간이 끝나자 대기실로 나갔다. 그런데 미정이 엄마가 보이지 않는다. 책상 위를 보니 조금 늦는다는 메모가 놓여 있다.

"엄마가 좀 늦으시나보다. 여기서 기다려야 할 텐데, 괜찮겠니? 책장에서 보고 싶은 걸 골라서 봐도 돼" 했더니 만화책을 집어 든다.

미정이 엄마는 30분이 지나서야 딸을 데리러 왔다.

열 번째 생일

계절은 어느덧 초겨울로 접어들었다. 찬바람을 맞고 온 탓인지 미정이는 볼이 발갛게 상기된 채 나타났다. 오늘도 미정이는 모래 놀이부터 시작했는데 어쩐지 기분이 좀 들떠 보였다. 모래 언덕에 나무를 심었다 뽑았다 하던 지난 시간과 달리 오늘은 여자 인형을 갖고 오더니 모래 위에 앉힌다. 잠시 바라보더니 또 다른 여자 인형을 여러 개 가져와 나란히 마주 보게 배치한다.

"여기에 한 여자가 앉아 있구나."

"네."

"이쪽에는 여자들이 더 많네?"

또 "네"한다.

"이곳에서 무슨 일이 일어나고 있나보다."

"그럴걸요."

답하는 목소리가 가볍다.

"오늘은 미정이 기분이 좋아 보이네."

"내일이 제 생일이거든요."

생글거리며 미정이가 말한다.

"그렇구나. 미정이 생일이 내일이구나. 생일 축하해. 그럼 내일 뭐 할 거야?"

"아직 모르겠어요"하더니 생각났다는 듯

"내일 친구 집에 가야하거든요. 그래서 생일파티를 못 할 거 같아요. 그런데요. 선물은 먼저 받았어요" 한다.

"오, 그래? 무슨 선물 받았는지 물어봐도 될까?"

"만화책 두 권이랑 종이접기 책 한 권이요."

"그렇구나. 생일 파티를 못 하게 되어서 미리 선물을 받았구나."

"네. 전에는요, 생일날 친구들을 초대한 적도 있었어요."

"그랬구나. 생일 파티를 하게 된다면 어떤 친구들을 부르고 싶니?"

"이번에는 여섯 명을 초대하고 싶은데…."

"어떤 친구들을 초대하고 싶니?"

"다 여자 친구들…."

"그런데 생일날 친구 집에는 왜 가야 하는 거니?"

"까먹었어요."

조금 전까지만 해도 열심히 대답하더니 이제 입을 다물고 딴청을 한다. 모래 한 줌을 손바닥에 올려 놓았다가 인형들 머리 위로 뿌리면서 하나씩 모래 위에 눕혀 놓았다가 다시 세웠다가 반복한다. 내 눈치를 보지 않고 장난을 치는 모습이 한결 편안해 보인다.

말하기-느끼기-행동하기 게임

다음 주. 엄마와 단둘이 상담실로 온 미정이는 기분이 좋아보였다. 이전까지만 해도 내가 문을 열어주어야만 뒤따라 들어왔는데, 오늘은 스스로 놀이 치료실 방문을 열고 성큼 들어온다.

"미정이가 기분이 좋아 보이네. 무슨 좋은 일이 있니?"
잠시 생각하더니 또 "까먹었어요"한다.
"미정이는 대답하기 어려우면 '까먹었어요'라고 말하는 것 같네" 했더니 고개를 끄덕거리며 씨익 웃는다.

"선생님, 오늘은 지난번에 했던 게임 하고 싶어요."

미정이가 먼저 보드게임을 제안한 건 처음 있는 일이다. 게임판을 펼쳐 놓고 준비를 하는데 미정이가 묻는다.

"선생님, 이긴 사람한테 상품도 주나요?"

"응. 지난번에 선생님이 설명했던 걸 기억하고 있었구나. 상품은 여러 가지가 있어. 이긴 사람은 여기 있는 연필, 고무찰흙, 풍선, 사탕 중에서 한 가지를 고를 수 있어."

"그럼 저는 사탕 받을래요."

"그렇게 하렴. 참, 지난 생일날은 친구 집에 다녀왔니?"

"아뇨. 친구 집에 안 가고 생일 파티 했어요."

"오, 그랬니? 어땠어? 재밌었어?"

"그냥… 친구 두 명 불러서…."

"여섯 명 정도 초대하고 싶다더니 왜 두 명만 불렀어?"

"조용히 하고 싶어서요."

"그랬구나, 조용히 하고파서 두 명만 초대했구나."

"네에, 전 조용한 게 좋아요. 오늘도 동생이 안 따라와서 기분이 좋거든요."

"왜? 동생이 안 따라오면 왜 좋을까?"
"저 혼자만 조용히 있을 수 있잖아요."

잠시 후 우리는 카드판을 펼쳐 놓고 주사위를 굴리며 말하고 느끼고 행동하는 게임을 시작했는데 미정이는 자신에게 주어지는 질문에 열심히 대답했다.

〈당황하다는 무슨 뜻인가요? 당신이 당황했을 때에 대해 말해보세요.〉
"아이들이 나더러 '바보'라고 놀린 적이 있어요."
"그랬구나. 그런 말을 들었을 땐 정말 당황스럽지. 그래서 넌 어떻게 했니?"
"… 까먹었어요."

〈한 여자 아이가 울고 있습니다. 무엇 때문에 울고 있을까요?〉
"엄마한테 혼나서 울고 있습니다."
"엄마랑 그 여자 아이 사이에 어떤 일이 있었던 걸까?"
"그건… 모르겠어요."

〈부모가 자녀에게 할 수 있는 가장 나쁜 일은 무엇입니까?〉

"아이를 먼 데다 홀로 떼어 놓구요, 일만 시키구요, 부모님들만 편하게 지내는 거요."

"그런 부모 밑에서 자란 아이들의 마음은 어떨까?"

"슬프고… 아파요."

"슬프고, 아프겠구나. 그럼 어떻게 해야 기분이 좀 더 나아질 수 있을까?"

"… 그냥 참아요."

"참으면 나아지니?"

"모르겠어요."

〈아빠에게 야단을 맞고도 그 일을 다시 하는 남자 아이에 대해 어떻게 생각합니까?〉

"아빠를 미워하고 싫어하는 것 같아요."

"왜 아빠를 미워할 거라고 생각하니?"

"어릴 적에는 괜찮았는데요, 학교에 다니면서부터 아빠가 공부 잘하기를 원했는데 그 아이가 공부를 못한다고 야단을 많이 맞아서요."

"그래서 아이도 아빠에게 매우 섭섭했구나. 그럼 아이는 아빠가 어떻게 해주길 바랄까?"

"공부는 잘할 수도 있고, 못할 수도 있는 건데… 잘해야만 좋아하면… 그건… 좀…."

"뭔가를 잘해야만 예뻐하고 좋아하는 건… 그건 아니라고 보는구나."

"네. 저번에 텔레비전 봤는데, 어떤 애는 바본데도 엄마, 아빠가 참 잘해줘요."

"그래. 그러니까 잘하고 못하고 그런 거랑 상관없이 부모가 아이를 사랑해주면, 그랬으면 좋겠다는 거구나."

"……."

마음 한구석이 찡해져왔다. 우리는 세상을 살면서 수많은 사람들을 만난다. 그 사람들 중에서 부모가 특별한 이유는 단하나, 조건 없는 사랑을 주는 존재이기 때문이다.

"무엇 무엇을 어떻게 해야만 널 사랑하겠다"가 아닌 "이러니저러니 해도 널 사랑한다"하는 것이 바로 부모인 것이다. 공부를 잘 해야만, 엄마 말을 잘 들어야만, 동생을 잘 돌봐야만 사랑 받는 것이 아니라 고집을 부려도 공부를 못해도 얼굴이 못생겨도 부모에게 자식은 세상에 둘도 없는 고귀한 보물인 것이다. 한 사람으로서는 이기적일 수 있어도 부모는 이기적일 수가 없다. 부모라는 위치 자체가 이타심 없이는 될 수 없는 것이기 때문에…. 열 살 소녀도 이 사실을 알고 있다. 하지만 불행히도 이 소녀는 자신의 부모에게서는 이와 같은 사랑을 받지 못하고 있다고 느끼는 듯이 보인다.

실패를 두려워하는 아이

미정이는 전과 달리 열심히 답변을 했다. 하지만 회전판에 걸릴까봐 걱정했고, 정말로 걸리게 되면 울상을 했다.

"회전판에 걸릴까봐 걱정이 되니?"

"네. 회전판은 싫어요."

"무엇 때문이지?"

"나쁜 게 나오면 어떡해요?"

"혹시라도 나쁜 게 나올까봐 그게 걱정이었구나. 어디 보자. 회전판에 적혀있는 걸 세어볼까? 나쁜 게 많은지, 좋은 게 많은

지, 좋지도 나쁘지도 않은 건 몇 개인지…."

"좋은 것 다섯 개, 나쁜 것 네 개, 좋지도 나쁘지도 않은 게 네 개……."

미정이는 나름대로 좋은 것과 나쁜 것을 구별하고 있었다.

"좋은 것, 그저 그런 것을 합치면 아홉 개, 나쁜 것 네 개. 확률적으로는 나쁜 게 나올 가능성이 더 적네."

"네. 그래도… 나한텐 나쁜 것만 나올 거예요. 전 재수가 없거든요. 늘 안 좋은 일만 생기는 걸요. 기대한 대로 된 적이 없어요."

"음, 그렇게 생각하는구나. 너에게 좋은 일보다 나쁜 일이 더 많이 일어날 거라고 생각하는구나. 그럼 오늘은 어땠니? 오늘 게임을 하면서 나쁜 일, 재수 없는 일이 일어났니?"

"아직은… 없었어요."

"그랬구나…그렇다면 아직까지는 재수가 좋았네."

"그래도 걱정되는 걸요."

미정이는 안 될 것 같으면 미리 포기하는, 수동적이면서도 부정적인 사고가 몸에 밴 아이다. 결과에 대한 집착과 근심이 크다는 증거인데 타고난 성격 탓이라기보다는 결과에 대해 냉정한 비판을 가하는 가정 환경에 더 큰 원인이 있다고 보인다.

어떤 일에 직면했을 때, 그것이 성공할까, 실패로 끝날까에 대한 걱정은 누구나 하게 되지만 미정이처럼 극도로 실패를 두려워하여 매사에 부정적이고 비관적이 되면 시작하는 것 자체가 어려워진다.

'실패하면 어떡하지? 지난번에도 실패했으니 이번에도 실패할 게 분명해.'

이러한 마음으로 일을 시작한다면 실제로 실패할 확률이 더 커질 수밖에 없다.

이런 사람들에게는 결과에 신경 쓰지 말고, 결과보다는 과정을 즐기라는 충고마저 의미가 없다. 생각이나 판단에 앞서 무조건 두려운 감정에 사로잡혀버린 사람에게 '실패를 두려워하지 마라, 성공을 믿는다면 반드시 성공할 것이다'는 소리가 귀에 들어올 리 만무하기 때문이다.

실패를 극도로 두려워하는 사람은 일반적으로 결과에 집착하는 경향이 강하다. 과정을 즐기지 못하고 성공이냐, 실패냐 하는 결과에만 주목하는 것이다.

그들은 어쩌다 그처럼 결과에 집착하는 사람이 된 것일까? 왜 그토록 실패를 두려워하게 된 것일까? 대개 어린 시절의 경험에서 비롯되는 경우가 많다.

어린 시절에 결과보다는 과정을 중시하고, 과정을 즐겨본 경험이 많은 사람은 매사에 낙관적이고 긍정적인 태도를 갖게 된다. 간혹 실패를 하더라도 부모나 주위 사람들로부터

'실패하면 어때?'

'비록 결과는 나쁘지만 참 열심히 노력했구나!' 라는 식의, 결과보다 과정에 초점을 맞춘 격려를 많이 받기 때문이다.

반대로 실패했을 때 부모에게 엄하게 꾸중을 들으며 자란 사람은 실패를 두려워하게 된다.

"그런 것도 못하니?"

"그러니 하지 말라고 했잖아."

"대체 뭘 하는 거야, 그러니 안 되지."

부모에게 이런 질책과 꾸지람을 듣고 자란 아이는 눈치꾸러기가 되거나 "난 안 돼. 무능하고 쓸모없는 존재야" 지레 겁먹고 아무것도 시도할 엄두를 못 내는 소극적인 아이가 되기 쉽다.

또한 칭찬에 목마른 아이가 되어 성인이 되어서도 세상의 이목과 평가에 전전긍긍하기 쉽다. 이런 사람들은 대개 소극적이며 부정적인 태도에서 벗어나지 못하는데, 이는 어린 시절 부모에게 받지 못했던 평가나 칭찬을 끊임없이 갈구하기 때문이다. 하지만 결과에 집착하는 태도를 갖고 있는 한 그 어떤 성공을 하더라도 만족할 수 없고, 자신감이나 긍지도 가질 수 없다.

노력하는 과정을 따뜻하게 지켜보고 격려해주는 사람들 속에서 성장한 사람은 어떤 일을 시작할 때 시작한다는 자체만으로도 자신감과 긍지를 느낀다. 결과가 좋아서 성공하면 더없이 기쁘지만 설령 실패하더라도 과정이 즐겁고 의미 있었기 때문에 다음에 또 하고 싶은 의욕이 생기게 된다.

우리는 무슨 일을 이루기 위해서는 힘들게 노력하고, 쓰라린

고통을 감수해야 한다고 생각하는 경향이 있다. 그러나 커다란 성과를 이루어낸 사람들 중에는 힘들었지만 행복했다고 말하는 사람이 많다. 자신이 좋아하는 일, 하고 싶은 일에 몰두하는 즐거움에 쓰라린 고통이나 어려움 따위는 묻혀버렸다는 것이다. 만일 자신의 일을 즐거움이 아니라 고통으로 느꼈다면 아마도 성공하지 못했을 것이다.

미정이는 나쁜 쪽으로 나올까봐 걱정하면서도 게임을 계속했다.
〈당신은 지금 어떤 집의 창문 안을 들여다보고 있습니다. 무엇이 보이지요?〉
"큰 TV가 있고요, 아이들이 놀이방처럼 생긴 방에서 텔레비전을 보면서 뛰어놀고 있어요."
"그 아이들의 기분은 어떤 것 같니?"
"아주 즐거워해요."
"몇 살 정도나 되었는데?"
"세 살? 네 살?"

"또 다른 사람들도 있니?"

"엄마? 몰라요."

〈당신이 정말로 미안함을 느낄 때 '미안하다'라고 말하는 것과 벌을 받지 않기 위해 미안하다고 말하는 것의 차이는 무엇입니까?〉

"동생한테 그런 적 있는데… 때리고 나서 미안하다고 말했어요. 사실은 미안하지 않았는데…."

"왜 미안하지 않았는데?"

"동생이 날 놀리고 귀찮게 했으니까요."

"그런데 왜 미안하다고 했니?"

"엄마한테 혼날까봐 겁나서요."

"엄마에게 혼이 나는 것보다 동생에게 미안하다고 하는 게 차라리 더 나았구나."

"네."

미정이는 제법 게임에 열중하면서 진지하고 솔직하게 이야기를 한다. 그러나 그 와중에도 좀 안절부절, 부산하다. 내가 대답해야 할 순서인데 불쑥 끼어들기도 하고, 말 하다 말고 공놀이를 하겠다며 일어나기도 한다. 들떠서 쉽게 흥분했다가 또 금방 우울한 얼굴이 되기도 하는 등 집중하지 못하고 산만한 모습이다.

미정이의 변화는 자연스러운 현상이다. 겨울 내내 춥다고 꽁꽁 닫아놓았던 창문을 열어 보니 창밖에 화사한 봄이 만개해 있다고 생각해보라. 마당에서 파릇파릇 새싹이 돋아 오르고 고운 풀냄새 꽃향기가 코끝을 간질이는데, 봄바람 살랑살랑 불어대는 햇살 그득한 마당에서 친구들이 공놀이를 하며 까르르 웃어대고 있는데, 어찌 방구석에 쪼그리고 앉아 있을 수 있겠느냐 말이다. 누구라도 밖으로 뛰쳐나가 구경하느라 여념이 없을 것이고, 궁금한 것도, 할 말도 많을 것이다.

지금 미정이의 마음이 그와 같은 것이다. 십 년 동안 꽁꽁 얼어 붙어있던 마음이 녹아내리고, 봄 내음이 살랑살랑 풍겨 나오니 몸이 들썩이고 기분이 들뜰 수밖에 없는 것이다.

봄 내음에 함께 취했던 걸까? 나는 그만 실수를 저지르고 말

앗다. 카드 게임에서 미정이가 이기면 상품으로 주기로 약속했던 사탕을 깜빡 잊고 주지 않았던 것이다.

달라고 해도 되는 거였어요?

　　　　　　　　　　날이 갑자기 추워졌다. 오늘 미정이는 머리에 수수한 머리 핀을 꽂고 회색 스웨터에 검정 바지를 입고 찾아왔는데, 얼굴에 생기가 도는 것이 한결 밝아진 모습이다. 머리를 쓰다듬어주며 "머리를 곱게 빗고 핀을 꽂았구나. 기분도 좋아 보이네"하니 미정이는 싱긋 웃으며 엄마를 돌아본다. 내게 할 말이 있는데 엄마 눈치를 보는 것 같다. 더 물어보지 않고 놀이방으로 들어가자고 했다. 먼저 문을 열고 들어선 미정이가 날 돌아보며 얼른 입을 열었다.

　"오늘은요, 용돈을 미리 받았어요."

"그래서 기분이 좋은가 보구나."

"네. 그런데요 사실은 용돈이 좀 부족해요."

"용돈이 얼만데?"

"천원이요. 일주일에. 근데 엄마가 주는 걸 자꾸 까먹어요."

"그럼 엄마에게 말하지 그래."

푹 가라앉은 대답이 이어진다.

"한 번도 그런 말 해 본 적 없어요."

"왜?"

"그런 말 하면 혼나거든요."

"혼날까봐 걱정이 돼서 용돈이 부족해도, 받지 못해도 말씀 드리지 못하는구나. 참, 이거 받아."

나는 미리 준비해 놓았던 작은 봉지를 꺼냈다. 지난 시간에 주지 못한 사탕을 예쁘게 포장해 둔 것이다.

"미정아, 미안해. 선생님이 그만 약속을 잊었구나. 속상했겠다. 그런데 달라고 했으면 주었을 텐데, 왜 말하지 않았니?"

"달라고 해도 되는 거였어요?"

"그럼. 약속이었으니까 당연히 말해도 되는 거였지. 앞으로는 해도 되는지 안 되는지 헷갈리면 나한테 물어봐. 해도 되는데 물어보지 못해서 못한다면 너무 억울하잖아."

사탕 봉지를 만지작거리며 수줍게 웃던 미정이는 "선생님, 오늘도 게임 하고 싶어요"한다. 아직 서툴기는 하지만 자신이 원하는 걸 말하는 모습이 무척 대견하다.

〈다른 사람을 기분 좋게 하기 위해 당신이 할 수 있는 일은 무엇입니까?〉
"친구가 힘들 때 도와주는 거요."
"친구가 힘들 때 도와준 적 있니?"
"…네."
"그 일에 대해서 이야기 해줄 수 있니?"
"…생각 안 나요."
"그럼 그때 기분은 어땠는지는 생각나니?"
"…생각 안 나요."

〈집을 나오고 싶다고 느낀 적이 있었습니까? 만약 그렇다면 무슨 일 때문이지요?〉

이건 내가 집은 카드에 적힌 질문이다. 그런데 내가 대답을 하려는 찰나 미정이가 불쑥 끼어든다.

"나, 집 나온 적 있는데…."

"그래? 왜 나갔는데?"

"그냥. 친구네 집에 놀러 가려구요."

얼버무리는 미정이.

이번엔 미정이 차례다.

〈학교에서 배우는 것 중에서 당신이 가장 배우기 싫은 것은?〉

"수학이요."

"그런데 왜 배워야 할까?"

"어른이 되어서 모르면 안 되니까요. 근데요, 제가요, 덧셈은 우리 반에서 제일 빨리 해요."

조금 신이 났다.

다시 내 차례다.

〈당신 엄마의 좋은 점은 무엇입니까?〉

"우리 엄만… 엄마지만 마음에 안 드는 점도 있고, 좋은 점도 있는데, 제일 좋았던 점은 공부하라는 잔소리를 안했다는 거야. 공부 못했다고 야단 맞아본 적은 없었어."

이 말을 듣자마자 미정이는 눈이 동그래진다.

"정말요?"

"응."

"공부 못해도 정말 야단 안 맞았어요?"

"그렇다니까."

"거짓말해도 야단 안 쳤어요? 거짓말하면 야단쳤죠? 때렸죠?"

다그치듯 묻는다.

"미정이 마음속에는 엄마가 야단치는 사람이라는 생각이 있나보다."

"엄마들은 그래요."

"엄마들은 그렇다고?"

"네. 엄마들은 야단을 치는 사람이에요."

"네 생각에 엄마들은 아이들이 어떤 행동을 할 때 제일 야단을 많이 치는 것 같니?"

"그냥요. 아이들이 엄마 기분을 나쁘게 할 때요. 그 때 화내고 야단쳐요."

"어떨 때 엄마 기분이 나빠진다고 생각해?"

"그건 모르죠. 엄마 기분을 내가 어떻게 알아요? 그걸 알면 야단도 안 맞게요."

〈당신이 화가 났을 때, 당신의 마음에 처음 떠오른 것보다 좀 더 공손한 단어를 사용하는 것이 왜 좋을까요?〉

"그래야 시끄러워지지 않으니까요."

"시끄러워진다는 게 뭐지?"

"그러니까요. 그건 말이죠. 예를 들면요. 동생이 날 때렸어요. 그래서 내가 동생에게 '하지마'라고 했는데도 동생이 때려서 더 큰소리로 '하지 말라니까' 했거든요. 그런데 엄마가 와서 '무슨 일이냐?' 하는 거예요. 그러면 동생이 '누나가 나 때렸어' 하고, 엄마는 '왜 때렸어?' 하고 야단치는 거예요. 내가 아니라고 하면 동생이 '누나가 때렸어' 하고 더 큰소리로 떠들어요. 그러면 엄마가 '동생을 왜 때리냐'고 야단치고, 그러면서 시끄러워지는 거예요. 그러니까 차라리 그냥 가만있거나, '잘못했어요'라고 하는 게 더 나은 거지요."

"미정이도 그렇게 시끄러워질까봐 네가 잘못하지도 않았는데 미안하다고 한 적이 있니?"

"매일 그러죠."

"누구한테 많이 그러니?"

"성민이한테도 그러고, 엄마한테도 그러고, 아빠한테도, 친구들한테도…."

"그 때 네 진짜 마음은 어떤데?"

"… 화나고… 슬퍼요."

"만약 할 수만 있다면 어떻게 하고 싶니?"

"그건 모르겠어요."

내 차례가 되었다.

〈종이 한 장이 바람에 날려 창문 안으로 들어왔다고 해보세요. 그 종이에 무언가가 쓰여 있습니다. 뭐라고 쓰여 있나요?〉

그런데 질문에 내가 미처 대답하기도 전에 미정이가 거든다.

사랑이 서툰 엄마 사랑이 고픈 아이

"아마도 아이가 야단 맞을 일에 대해 썼을 거예요."

답하는 미정이의 표정이 방금 전과는 다르다. 힘없고 슬픈 모습이 아니다. 화가 난 것도 같다.

〈어떤 사람이 당신을 때릴 때 당신의 기분은? 누군가가 당신을 때리려고 할 때 당신은 어떻게 해야 합니까?〉

"화나고 싫어요. 하지 말라고 이야기해야 돼요."

"누군가 너를 때리려고 했을 때 너도 그렇게 말한 적 있니?"

"……."

"그럼 누가 너를 때리려고 했거나 때린 적은 있니?"

"……."

이 질문에 대해서는 흔히 하는 '몰라요'나 '생각 안 나요'와 같은 대답도 하지 않고 눈도 마주치지 않은 채, 묵묵부답이었다. 혹시 말하고 싶지 않은 기억이나 떠올리기도 싫은 기억이 있는 것은 아닌가 하는 생각이 들었다.

〈만약 당신이 한 달밖에 살지 못한다면 어떻게 그 한 달을 보내겠습니까?〉

"살려달라고 하나님께 기도할 거예요."

"어떤 기도를 하고 싶은데?"

뭔가가 생각난 듯 웃으며 "있어요. 근데 말 안 할래요" 한다.

"그래, 비밀이구나. 근데 기분 좋은 비밀인가보다. 그 생각하면서 웃는 거 보니까."

"네. 신나는 거예요."

"신나는 비밀?"

"네. 사실은요, 성민이가 못생긴 돼지가 되거나, 여자가 되거나…."

"그러니까, 성민이를 다르게 바꾸는 거구나. 못생긴 돼지는 알겠는데, 여자가 되면 성민이에게 뭐가 안 좋지?"

"성민이가 잘난 척을 못할 거예요."

"성민이가 남자라고 으스댈 때가 있니?"

"네. 치사해요."

"미정이도 남자로 태어났으면 하고 바랄 때가 있니?"

"…가끔."

"어떨 때 특히 그래?"

"식구들하고 있을 때…."

"그럼 매일 그런 생각이 드는 거겠네. 미정이가 남자라면 어떤 게 제일 좋을 것 같은데?"

"…엄마 … 몰라요."

뭔가 할 말이 있는 것 같은 표정임에도 입을 다물고 만다.

내 차례가 돌아왔다.

〈한 남자 아이가 얼굴과 팔 전체에 멍이 들어서 집으로 왔습니다. 학교에서 무슨 일이 있었을까요?〉

나는 "혹시… 따돌림을 받은 것은 아닐까?" 하고 조심스럽게 말을 꺼냈다. 그러자 미정이가 마치 기다렸다는 듯 큰 소리로 "맞아요!" 하고 소리를 지른다.

"너희 반에도 왕따가 있니?"

"모르겠어요."

대답을 피하면서도 미정이는 나에게 칩을 다섯 개나 줄 정도로 흥분했다.

〈엄마의 어떤 점이 당신을 화나게 합니까?〉

"동생이 잘못했는데 나한테 화 낼 때요" 하더니 이어서 "그래도 난 엄마를 이길 거예요"라고 한다.

"어떻게 이길 건데?" 하고 물으니 "그런 게 있어요"하며 히죽 웃는다.

오늘도 미정이는 자기 마음의 한 자락을 내보여주었다. 엄마에 대한 서운함, 특히 동생과 관련하여 자신이 부당하게 취급받고 있는 것에 대한 섭섭함이 한가득 전해져왔다. 또한 아직까지 우리 사회에 깊숙이 남아있는 남존여비 사상까지도 느껴지는 시간이었다. 그동안 다른 사람으로부터 부당한 취급을 받아도 그저 참고 잘못을 뒤집어쓰는 것에 익숙했던 미정이. 너무 익숙해진 나머지 화나고 슬픈 감정까지 깊숙이 묻어버려 자신의 마음이 무엇인지도 잊어버렸던 미정이가 차츰 자신의 감정을 드러내기 시작하고 있다. 중요한 변화가 시작되고 있는 것이다.

나쁜 엄마

우리는 그 후로도 말하는 게임을 종종 했다. 놀이치료실에는 말하는 게임 말고도 여러 종류의 게임이 있었지만 미정이는 말하는 게임을 가장 좋아했다. 평소에는 말도 적고, 대답도 잘 못하는 아이가 치료실 안에서는 말하는 게임만을 선택한다. 아이의 마음이 느껴졌다. 얼마나 소통하고 싶었을까, 얼마나 자기 이야기를 하고 싶었을까. 아직은 게임이라는 도구를 통해서만 대화를 하지만 조만간 마음을 열고 자유롭게 이야기 할 날이 오겠지, 생각하니 마음이 설렌다.

오늘 미정이가 선택한 건 pick and tell game이다. 역시 말하기 게임의 일종으로 주머니에서 다양한 표정의 사진을 한 장씩 골라 그 표정에 관한 이야기를 만드는 게임이다. 이 게임 역시 답하면 칩을 얻고, 칩을 많이 얻으면 이기게 된다.

미정이가 처음 뽑은 사진은 입술을 삐죽 내민 아이의 얼굴이다.
"실망한 것 같아요. 친구가 숙제를 해주기로 했는데 안 해줘서요."
다음으로 뽑은 사진엔 손가락 빠는 아이 그림이 있다.
"더러워서 안 할 거예요. 버릇이 되어서 커서도 그렇게 하면 어떡해요? 그러면 아무도 안 놀아줄 걸요."
오늘따라 유난히 친구에 대한 이야기가 많다.
의기양양한 표정의 아이 모습을 보더니 "혼자만 숙제해서 칭찬 받는 아이에요" 한다. 은근히 부러워하는 눈치다.

뭔가를 보고 깜짝 놀라는 아이의 모습에는 "얘는요. 엄마가요. 그런 거 있잖아요. 상자를 열면 갑자기 그 안에서 도깨비가 확 튀어나오는 그런 장난감을 보여줬어요. 놀래라구요. 그래서 무서워하는 거예요"라며 제법 길게 이야기를 만들어낸다.

"아이는 그런 엄마에 대해 뭐라고 할까?"

"아무 말 안 해요. 하지만 미워해요. 나쁜 엄마니까요."

"이 아이는 엄마가 어떻게 해주길 바랄까?"하고 물으니 "몰라요. 내가 어떻게 알아요? 그걸" 쏘아 붙이듯 대답한다. 그러더니 "선생님, 나가서 책 읽으면 안돼요?"한다.

"게임이 아직 끝나지 않았는데 그만 하고 싶니?"

"어려운 질문이 많아서 싫어요."

"어떤 질문이 어려웠는지 말해줄래?"

"까먹었어요."

"질문들이 널 불편하게 만들었구나."

"아니. 그냥 하기 싫어요."

미정이는 끝나는 시간까지 뾰로통한 모습으로 머물다 떠났다.

말 잘 듣는 종이봉지 공주는 싫어요

오후 2시 40분. 차를 마시며 미정이를 기다리고 있다. 상담실 문을 보고 있자니 미정이를 처음 만나던 날이 떠오른다. 묻는 말에 대답도 안하고, 어쩌다 말을 하더라도 혼잣말을 하듯 웅얼거리던 미정이. 그 미정이가 이제는 많이 달라졌다. 자기 생각이나 감정을 겉으로 드러내는 일이 많아졌고, 이야기도 곧잘 한다. 가끔 도전적인 모습을 보일 때도 있다. 그러나 여전히 자신감이 부족해서 미리 부정적인 결과를 예상하여 겁을 먹거나 물러서곤 한다. 상대방이 자신을 어떻게 생각하는지 눈치를 보느라 하고픈 말을 제 때 정확하게 하지 못하는 경우도 있다. 감정이나 의지를 솔직하게 드러내야 할 순간에 주저하는 일이 많다. 좀 더 용기를 갖도록 도와줄 필요가 있는데, 지금이 바로 그 때인 듯하다.

"미정아, 우리가 처음 만난 날 기억하니?"
놀이방에 들어온 미정이에게 물었다. 아무 말 없이 물끄러미 쳐다보는 미정이.
"그 때, 가끔은 내가 뭘 하자고 제안할 거라고 했지. 오늘 선생님이 한 가지 제안을 하고 싶구나."
"뭔데요?"
"책을 읽어주려고. 전에 읽었던 책인데, 참 재미있거든. 책을 읽고 그에 관한 놀이를 해봤으면 해."
"음… 좋아요."

우리는 커다란 쿠션을 등받이 삼아 나란히 기대어 앉았다. 미정이의 발이 내 다리에 닿았다. 다리로 툭! 장난스럽게 미정이의 발을 건드렸다. 미정이도 웃으며 발로 내 다리를 건드린다.

"엘리자베스는 아름다운 공주님이에요. 엘리자베스는 성에 살았어요. 비싼 공주 옷들도 많았지요. 엘리자베스는 로널드 왕자와 결혼할 거예요. 그러던 어느 날, 아주 무서운 용이 나타나 성을 불태워버리고 로널드 왕자를 잡아가 버렸지요."

미정이는 허름한 종이 봉투 하나를 입고 난폭한 용을 골탕 먹이는 용감하고 지혜로운 공주의 활약을 들으며 동화 속에 빠져들었다. 드디어 엘리자베스가 용을 기절시키고 로널드 왕자 앞에 나타났다.

"거기에는 로널드 왕자가 있었어요. 왕자는 엘리자베스를 보더니 말했어요. '엘리자베스, 으! 저 지저분한 꼴 좀 봐. 잿더미 냄새에, 머리는 온통 헝클어져 있고, 더럽고 낡은 종이 봉투를 입고 있다니. 가서 공주처럼 차리고 다시 와요!'"

"으! 너무 해."

미정이가 안타깝다는 듯 말했다. 아직 읽을 내용이 한 장 더 남았지만 나는 책을 덮었다. 그리고 작은 손가락 인형들을 펼쳐보였다. 공주, 왕자, 용, 그리고 여러 가지 작은 인형들을.

"이제 미정이가 이 인형들을 갖고 이야기를 마무리 짓는 거야. 바로 네가 동화 작가가 되는 거지."

"어떻게요?"

조금은 당황한 것 같지만 관심이 있는 표정이다.

"이 인형들을 손가락에 끼고 이야기를 만들어서 인형극을 꾸미는 거야."

미정이는 천천히 인형들을 살펴보았다. 먼저 공주 인형을 오른손 둘째 손가락에 끼우고, 왕자 인형은 왼손에 끼운다. 손가락에 끼운 인형들을 까닥거려 보고 부딪치게도 해본다. 하지만 대사를 하기는 어색한지 한참동안 입을 떼지 못한다. 간신히 왕자 인형이 입을 열었다.

왕자 : "난 당신같이 못 생기고 더러운 종이 봉지 옷을 입은 공주는 싫소, 당장 멀리 떠나버려요!"

공주 : "네에…."

그냥 놀이일 뿐인데도 미정이는 용기를 내지 못한다. 이야기를 듣는 동안 "너무 해"라며 안타까워했으면서도 자신의 그런 마음을 표현하지는 못한다.

"그게 공주의 진짜 마음이니?"

"아니요."

"그럼 왜 진짜 마음과 다르게 말했을까?"

"진짜 마음을 말하면 싫어할 거잖아요. 혼나거나."

"그래서 자기 마음을 감췄구나. 그럼 그 공주의 진짜 마음은 뭐니?"

"음…기분이 나쁠 거 같아요."

"그렇다면 이번엔 공주의 진짜 마음을 표현해 보자. 이건 그냥 놀이일 뿐이야. 공주가 진짜 마음을 표현한다고 해서 야단맞거나 복수를 당할 일은 없지."

미정이는 다시 공주와 왕자 인형을 치켜들었다.

왕자 : "난 당신이 싫소. 무슨 공주가 그렇게 못생기고 말야. 당신 같은 공주하고는 함께 있기도 싫으니 그만 가버리시오!"

공주 : "……."

어색한 표정으로 아무 말도 못하는 미정이. 자기 마음을 어떻게 표현해야 할지, 방법 자체를 모르는 것일까?

"뭐라고 해야 할지 몰라서 당황스럽니?"
"네에…."
얼굴을 붉히는 미정이.
"만약 친구가 너한테 그렇게 말한다면 기분이 어떨 것 같아?"
"음… 화날 거예요. 배신감 느끼고요."
"그렇다면 너의 그런 마음을 어떻게 표현할 수 있을까?"
"모르겠어요. 그냥…그 친구랑 다시는 안 놀 것 같아요."
"친구와 놀지 않는다고 배신감이 사라지는 건 아니잖니. 네 마음을 설명해서 이해시키는 방법은 없을까?"
"제가 화내면 친구도 화내서 싸우게 될 거에요. 그럼 시끄러워지잖아요."
"그렇구나. 싸워서 시끄러워지는 게 싫구나."
"……."
"전에도 미정이가 말한 적이 있지. 집에서도 시끄러워지는 게 싫어 참는다고. 그럴 땐 진짜 마음은 화나고 슬프다고."

"……."

"그렇게 해 본 적은 있니?"

"뭘요?"

"네 마음을 이야기해서 싸우게 된 적 말이야."

"아뇨. 그런 적 없어요."

"그럼 화가 나면 그 기분을 어떻게 푸니?"

"그냥 참아요."

"참아지니?"

"…하지만, 내가 화를 내면 더 혼날지도 몰라요. 그건 더 무서워요."

"그렇구나. 야단맞는 게 무서워서 화를 내지 않고, 싸우지도 않는 거구나."

"네, 화가 나면… 여기가(심장을 손가락으로 가리키며)… 아파요. 떨려서 아무 생각 안 나요."

가슴께에 놓인 미정이의 손을 가만히 끌어당겨 살며시 안아 주었다. 순간 감정이 북받쳐 오르는지 어깨가 가늘게 흔들린다. 두 손으로 볼을 감싸 안고 눈을 들여다보았다. 마음을 들킨 게 쑥스러운지 싱긋 웃는다. 머리를 부드럽게 쓰다듬어주며 말했다.

"그래. 정말로 어떨 때는 참는 게 필요해. 그게 더 좋을 때도 있지. 하고 싶은 말을 다 하면서 살 수는 없으니까…. 하지만 때로는 네 마음을 표현해도 괜찮을 때가 있어. 표현해야 할 때도 있고…. 지금은 무엇이든 할 수 있는 시간이야. 이건 놀이고 상상일 뿐이니까. 동화 속의 엘리자베스는 그래도 돼. 만일 네가 엘리자베스 공주라면, 어떤 말을 하고 싶을지 생각해 봐. 이 인형들은 모두 네가 조종하는 거잖니. 미정이 네 마음대로 말하고 움직일 수 있잖아."

"그러네요. 내가 모두 조종해요."

마치 새로운 사실이라도 발견한 것처럼 환하게 웃는다.

"선생님은 어떻게 말하는지 한번 볼래? 역할을 나누어서 해 보자. 나는 공주, 너는 왕자가 되어서 말야."

"네…."

인형을 받아 손가락에 끼고 내가 공주가 되었다.

왕자 : "난 초라한 공주하고 놀기 싫으니 가버리시오!"

공주 : "흥! 마법에 걸려 잠만 자고 있던 주제에 못된 용을 혼내고 잠에서 깨워준 나를 무시하다니…. 그래요 난 더러운 종이봉투를 입었어요. 하지만 외모만 보고 사람을 무시하는 왕자님 같은 사람하고는 나도 안 놀아요!"

대사를 마치자마자 공주는 획 돌아서서 가버린다.

미정이가 손뼉을 치며 하하 웃는다.

"신나 하는 걸 보니까 선생님 대사가 마음에 들었나보네?"

미정이가 고개를 끄덕인다.

"그럼 이젠 미정이 차례야."

우리는 역할을 바꾸기 위해 인형을 교환했다.

왕자 : "다시 예쁘게 하고 와!"

공주 : "치, 바보 왕자님이랑은 안 놀아요!"

잠시 뜸을 들이더니 한 마디 덧붙이는 미정 공주.

"용에게 또 잡혀가더라도 안 구해 줄 거예요!"

바보 왕자의 머리를 쥐어박는 시늉까지 한다.

"어떠니? 생각한 대로 말 한 거 같아?"
"좀 이상하긴 한데요, 속이 시원한 것도 같아요."
"그래. 하고픈 말을 참지 않고 해버리니까 시원하지?"
"그런 거 같아요."
멋쩍게 웃는다.

우리 애가 이상해졌어요

12월 하고도 하순에 접어들었다. 첫 눈이 어설프게 내리다가 그쳐서 그런지 겨울답지 않게 날씨가 푸근하다. 아직 3시가 안 됐는데, 미정이 모녀가 들어선다.

"선생님, 따로 드릴 말씀이 있어서 일찍 왔습니다."

조용한 방으로 옮겼더니 미정이 엄마가 의아한 표정으로 말문을 열었다.

"전에는 한 번도 그런 적이 없었는데… 며칠 전 미정이가 말대답을 했어요. 미정이가 텔레비전을 보고 있기에 심부름을 시켰더니 아 글쎄… 싫다고 하는 거예요. 야단을 쳤죠. 그랬더니 이번에는 '왜 나만 부려먹어요? 성민이도 놀고 있잖아요. 전 지금 바빠요' 하고 짜증을 내더라구요. 치료가 잘 되어가는 건지…."

내색을 안 하지만 미간을 찌푸린 얼굴에서 불편한 심기를 느낄 수 있었다. 미정이 엄마는 빠른 말투로 이야기를 계속했다.

"공부 좀 하라고 하면 뚱한 얼굴로 절 바라볼 때도 있어요. 뭐라고 말은 안 하지만 불만이 가득해요. 더 산만해진 것도 같고…. 그런 적이 없었는데… 대체 이걸 어떻게 받아들여야 하는 거죠? 애가 이상해지는 거 아닌가요?"

당연히 나올 질문이 드디어 나온 것이다.
"당황하셨겠어요. 전에는 말대답 같은 건 안 하던 아이였는데, 갑자기 말대답도 하고, 짜증도 내니 말이에요."
"네. 이제까지는 말도 없고 반항한 적도 없고 집에 있어도 있는 거 같지 않을 정도로 조용했었거든요."
"미정이가 그렇게 할 때는 기분이 어떠셨어요?"
"답답했죠. 차라리 뭐라고 말이라도 할 것이지 이런 생각도…."

미정이 엄마는 갑자기 말을 멈추더니 어색한 미소를 지으며 말을 이었다.

"제가 생각해도 웃기네요. 말을 안 할 땐 답답하다고 하고는 이제 와선 말을 하니까 반항한다고 하고…."

나는 "어머님, 정말 빠르시네요. 그걸 알아차리시고" 웃으며 말을 받았다.

미정이 엄마는 재빨리 입가에 맴돌던 어색한 미소를 감추고는 다시 미간을 찌푸리며 말했다.

"그래도… 반항을 하는 건 곤란하잖아요? 치료를 받게 하는 이유는 아이가 자기 주장과 자기 표현을 잘하라고 하는 것이지 말대꾸나 반항을 하라는 것은 아니거든요."

"맞아요, 어머님. 우리가 목표로 하는 것은 미정이가 지금보다 더 적절한 방식으로 자신의 생각과 감정, 욕구를 표현하도록 하는 것이지, 결코 자신이나 타인을 방해하는 방식으로 표현케 하려는 것은 아니지요."

새치름한 표정으로 듣고 있는 미정이 엄마를 보며 계속 말을 이어나갔다.

"그런데 변화는 결코 매끄럽게 일어나지는 않지요. 미정이는 누르고 참는 것에만 익숙한 아이에요. 그런데 치료를 받으면서 아이를 누르고 있던 억압의 힘이 약해지게 되었죠. 그러니 어떻겠어요, 눌려있던 것이 튕겨져 나오고 있는 겁니다. 그러다보니 말대꾸나 반항과 같은 거친 형태로 나오게 되는 거지요. 당장은 아이가 나빠지는 듯이 보이지만, 걱정 마세요. 지금은 과도기라고 보시면 돼요. 전에는 자기가 뭘 원하는지, 무엇을 느끼는지, 어떻게 해야 하는지조차 모를 정도로 꾹꾹 눌러와서 조용했던 것뿐입니다. 이제 자신을 알게 되는 과정의 초기에 들어섰다고 볼 수 있어요. 그런데 아직은 세련되게 표현하는 방법을 모르니 거칠고 퉁명스럽게 나오는 거지요. 앞으로는 서서히, 보다 안정적으로 조율이 되어 갈 겁니다."

"아직은 잘 모르겠네요."

"어머님, 참 관찰력이 좋으시네요. 아이의 변화를 잘 알아차리고 계시잖아요. 그리고… 미정이가 집에서 말대꾸를 하거나 짜증을 낼 수 있었던 것은 치료를 통한 변화이기도 하지만 어머님의 노력도 한몫 했으리라 믿어요."

"아니, 전 아무것도…."

"미정이가 말대꾸하고 짜증낼 때 어떻게 하셨어요?"

"야단치려다가… 지금 치료중인데 괜히 치료 기간만 늘어날 것 같아서 그냥 참고 넘어갔어요."

"참 잘하셨네요. 대개는 아이가 안 하던 행동을 하면 놀라서 야단치고 다그치기 십상인데 잘 넘기셨어요."

나의 예기치 않은 칭찬에 미정이 엄마는 잠시 당황한 기색을 보였다. 어쩜 이 엄마도 미정이처럼 칭찬을 받아본 경험이 적을지도 모른다는 생각이 잠시 스쳐지나갔다.

"누울 자릴 보고 다리를 뻗는다고 하죠. 어머님의 관심이나 배려가 없었다면 감히 자기주장을 할 엄두를 내지 못했을 거예요."

"……."

"그런데 어떡하죠? 미정이가 한동안 그럴 것 같네요. 아니, 당분간은 점점 더 심해질 것 같아요."

"아니, 언제까지요? 남편이 지금도 상담 받는 거 못마땅해 하는데… 더 안 좋아지면…."

"표면적으로 보기에는 안 좋아 보이니까 아무래도 상담실에 데려오시기 망설여지실 거예요. 그런데 분명히 말씀 드릴 수 있는 건 이 시기가 지나면 긍정적인 변화가 일어난다는 거죠."

"하지만 남편은…."

"남편을 설득하는 일 때문에 걱정이 많이 되시는군요."

"미정이만 좀 야무졌으면 이런 걱정을 할 필요도 없는 건데…."

"미정이 때문에 어머님 입장이 난처해지셔서 미정이한테 화가 나시나봐요."

"그렇죠, 뭐."

"그런데, 미정이 문제를 이해하려 하지 않는 남편에게는 섭섭하지 않으세요?"

이러한 질문을 받으리라 전혀 예상하지 못했던 듯 미정이 엄마가 순간 당황하는 눈치다.

"그, 그 그런 생각은 이제까지 해본 적이 없는데…."

"제가 보기엔 어머님 혼자 걱정하시고 애쓰시는 것 같아서요."

"이제껏 그렇게 살아왔는데요. 집안일은 내가 알아서 하고…."

"그런데 자식을 키우는 일은 부모 한 사람만 하기는 벅차지요."

"네… 그런 것 같아요."

"남편에게 도움을 청해보신 적은 있으세요?"

"아니…저… 그러니까 미정이는 저러다가 괜찮아진다는 거지요?"

자신과 남편에게로 이야기의 초점이 맞추어지는 것이 불편했는지 화제를 돌린다.

"네, 믿어보세요. 그런데 참, 미정이가 안하던 짓을 했을 때 놀라셨고, 그리고 또 기분이 어떠셨어요?"

"음… 안하던 짓을 하니까 놀랍고 이상하고…."

"화가 나지는 않으셨어요?"

"그렇지는 않은 거 같아요. 그저 당황스러운…."

"성민이는 어떤가요? 성민이도 엄마한테 말대꾸하고 짜증내고 그러나요?"

"걘 만날 그러죠 뭐."

"그 때 어머님 기분은 어떠세요?"

"자기 할 말하고 사는 거 같아서 괜찮아요. 부럽기도 하구요."

"부럽다구요? 어머님께서요?"

조금 당황한 듯 "네. 제가 사실… 할 말 다 하고 사는 편은 아니거든요" 한다.

"그럼 미정이랑 비슷한 점도 있으신 거네요."

"네. 그래서 어느 땐 더 답답해요. 할 말 못하면 사람들이 무시하고 그러잖아요. 자기 주장도 좀 해야 사람들이 함부로 대하지 않는데…. 네, 알았어요. 제가 좀 더 믿고 기다려보지요."

다시 자신에게 초점이 맞춰지는 것이 불편했는지 미정이 엄마는 약속이 있다며 서둘러 상담실을 빠져나갔다.

불꽃에 가둔 여자

미정이는 아무 말 없이 모래 상자 앞에 섰다. 하얀 모래를 듬뿍 듬뿍 끌어 모아서 섬처럼 쌓더니 "이건 무인도예요" 한다.

"아무도 살지 않는 무인도구나."

"네. 이건 화산이에요. 여기에 구멍을 낼 거예요. 화산 구멍이 있거든요."

"화산이라면 불길이 솟을 텐데… 필요하면 저기 있는 불 모형을 사용할 수도 있어."

"그거 좋아요. 불꽃을 가져올래요."

구멍 주위에 빨간 불꽃 네 개를 벽처럼 둘러 세우곤 말이 없다. 지켜보다가 말을 걸었다.

"불꽃이 활활 타오르는 것 같네. 살아있는 화산이구나."

"……."

조용하다. 왠지 심각해 보이는 표정이다.

내가 먼저 말을 꺼냈다.

"음… 이런 생각이 든다. 이건 누군가의 마음이고, 이 불꽃들은 그 마음속에 있는 화 같은…. 왜 사람들이 그렇게 말하잖아. 불같이 화났다, 화가 나면 열 받는다고…. 미정이가 꾸민 이 모래섬은 마치 누군가의 화난 마음 같구나."

미정이가 피식 웃었다. 내 추측에 한 마디 대꾸도 없이, 불꽃을 모래 속에 숨기기 시작했다. 모래를 마구 뿌려대면서…. 그러다가 불쑥 묻는다.

"선생님, 불꽃은 하나님도 녹여요?"

"글쎄다. 어떨까? 이 불꽃이 모든 걸 녹여버리길 원하니?"

"글쎄요."

한동안 불꽃을 모래 위로 드러냈다가 다시 모래 속에 감추기를 반복한다. 미정이가 했던 말들이 떠올랐다.

"그냥 참아요."

"싸우면 시끄러워지잖아요."

"그러면 혼나요."

"싫어하니까요."

이런 말들을 해가며 감정을 누르고 또 눌러왔을 것이다. 억눌렸던 감정들이 쌓여서 언제 터질지 모르는 불꽃으로 변한 것은 아닐까? 머리가 좀 복잡해졌다. 아이는 여전히 말이 없다. 이제는 불꽃을 드러내놓고, 그 위에 모래들을 흩뿌리고 있다. 불꽃의 반은 감춰지고 반은 드러나 있다. 바로 이게 지금 미정이의 속내일 수도 있겠지.

"우리는 화가 나도 아닌 척 할 때가 있지. 하지만 감춘다고 화가 풀어지는 건 아니지. 지금 미정이가 만든 화산처럼, 불꽃을 감췄다고 해서 불꽃이 사라진 게 아닌 것처럼…."

미정이는 대답 대신 그냥 웃고만 있다. 손을 모래 속에 한참 파묻고 있다가 무슨 결심이라도 한 것처럼 고개를 한번 끄덕거

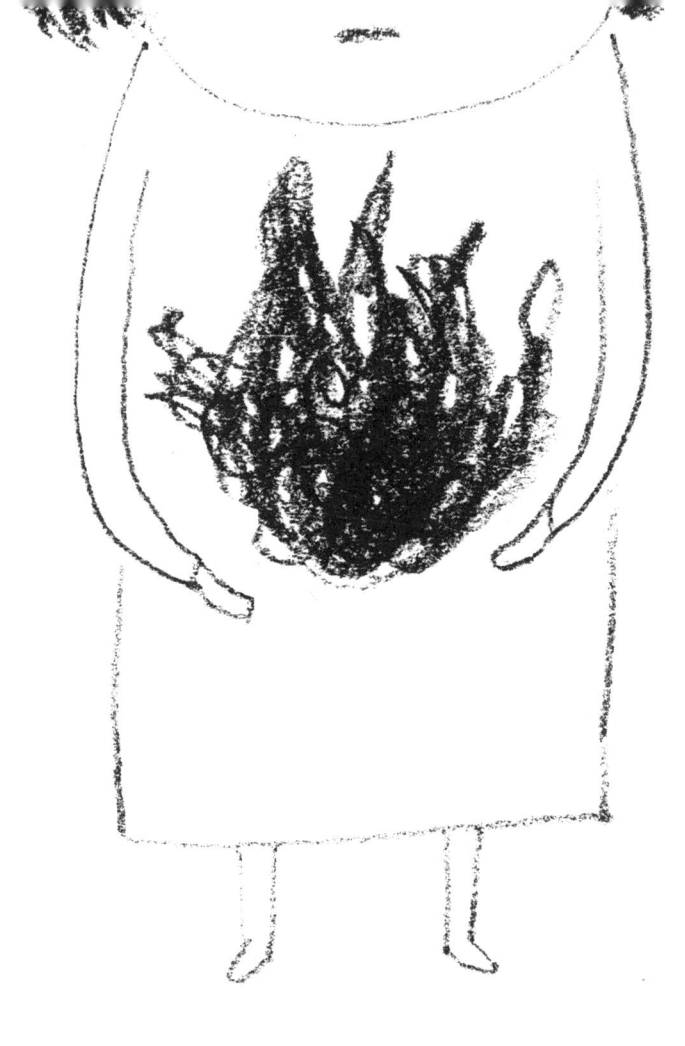

리더니 갑자기 불꽃들을 모래 위로 솟구치게 만든다. 마치 불꽃 감옥이라도 된 듯하다. 상자에서 여자 어른 인형을 하나 고른다. 그 인형은 화산 주위를 여기저기 돌아다닌다. 불꽃 주변을 맴돌던 여자 인형은 불꽃 속에 들어섰고, 곧이어 완전히 누워버렸다.

"여자 인형이 불길에 갇혔구나."

"네."

더 이상 말을 잇지 않는다.

저 여자 인형은 무엇을 의미할까? 궁금해 하면서 지켜보는데 "이젠 이 놀이는 그만 할래요"하며 손에 묻은 모래 알갱이들을 툭툭 털고 일어난다. 마치 아무 일도 없었던 것처럼 탱탱볼을 가져다가 바닥에 튀기면서 놀고 있다. 그 모습이 평온해 보였다.

이 아이가 가두어 버린 것이 무엇일까? 불길로 태워버리고 싶은 것들은 과연 무엇일까? 아마도 가슴 속 깊은 곳에 묻어두었던 무엇인가를, 부정적인 감정들을 꺼내 보인 것일 테지. 불꽃에 가두어 버린 여자 인형이 엄마를 의미하는지, 미정이 자신을 의미하는지, 혹은 엄마에 대한 미움을 뜻하는지 난 알 수가 없다. 그리고 묻지도 않았다.

휘고 못생긴 나무

올 겨울에는 유난히 눈이 자주 왔다. 그래서 상담실을 방문하는 이들이 교통 체증 때문에 늦는 일이 많았다. 눈을 좋아하지 않는 아이가 어디 있으랴만 미정이만큼 하얀 눈에 매료된 아이도 드물 것 같다. 새해 들어 첫 번째 수요일인 오늘도 건물 입구의 눈을 미처 치울 새도 없이 눈발이 쏟아져 내렸는데 하얗게 눈을 맞고 들어서는 미정이의 표정이 한껏 들떠 있다. 그러더니 인사를 하는 둥 마는 둥 하고는 졸라댄다.

"선생님, 들어가기 전에 창밖을 좀 내다보면 안 돼요?"

"눈 내리는 창밖을 내다보고 싶니?"

"네. 조금만…."

"그렇게 하렴."

말이 끝나기 무섭게 쪼르르 창가로 달려간 미정이는 유리창에 코를 바짝 붙이고는 정신없이 밖을 내다본다.

"와아! 저기 좀 보세요. 사람들이 눈사람을 만들고 있어요! 재밌겠다!"

부러움이 가득 담겨 있는 목소리다.

"어? 저기 성민이랑 엄마도 있어요. 성민이는 눈사람 만들고 엄마는 옆에서 보고 계셔요. 언제 저길 가셨지?"

창문께로 가서 함께 밖을 내다보는데 미정이가 갑자기 조용해진다. 슬쩍 보니 옆모습이 시무룩하다.

"나도 눈사람 만들고 싶은데…."

조금 전과 달리 풀 죽은 목소리다.

"함께 놀고 싶구나."

"아니, 싫어요. 성민이 때문에 재미없을 거예요."

"성민이 때문에 재미가 없어?"

"네, 걔 제가 놀려고 하면 따라와서 골탕만 먹여요. 화가 나서 뭐라고 하면 엄마한테 혼나구요."

"그렇구나. 그럼 미정이는 동생이랑 싸운 적도 있니?"

하고 물으니 표정이 굳어지며 도리질을 한다.

"모르겠어요. 생각 안 나요."

나는 벽시계를 바라보며 말했다.

"시간이 많이 지났네. 이제 놀이방으로 들어갈까?"

"네, 선생님. 전 놀이방이 더 좋아요."

씩씩하게 문을 열고 들어가며 조잘거린다.

"여기는 내 세상이거든요. 성민이도 없고, 엄마도 없고, 시끄럽지도 않아요. 눈사람 못 만들어도 좋아요."

처음이다. 이렇게 긍정적인 느낌을 말한 건, 내가 기억하기로는 분명 처음이다. 가슴속에 물살이 일렁이듯 가벼운 흥분이 느껴졌다.

한결 기분이 나아진 미정이가 방안을 둘러보는 동안 나는 알집에 있는 둘리를 꺼냈다. 둘리는 악수하듯 미정이의 손을 잡고 흔들며 인사를 건넸다.

"미정아 안녕? 얼마나 보고 싶었다구."

그리고는 포옹하는 자세를 취하니 미정이가 헤헤 웃는다.

"둘리야, 안녕? 그동안 잘 지냈니?"

손가락으로 둘리를 안아주더니 나를 본다.

"선생님! 오늘도 그거 해요. 말하는 게임이요."

"말하는 게임? 어떤 걸로 할까?"

"새로운 거요. 우리가 만들어요. 서로에게 질문을 하는 거예요."

"와! 미정이가 게임을 만들었구나. 그래, 하자."

"제가 먼저 할게요. 엄마들은 어떤 아이를 좋아하지요?"

"어려운 질문이네. 음… 엄마들은 아이를 그저 좋아해. 아이들이 어떻기 때문에 좋아하는 게 아니라, 그 자체로서 좋은 거야."

"틀렸어요."

"그래? 그럼 너는 엄마들이 어떤 아이를 좋아한다고 생각하는데?"

"공부 잘하고, 예쁘고, 말 잘 듣는 애요."

"넌… 미정이 너는 어떤데?"

"저요? 전 엄마가 안 좋아해요. 그래도 뭐… 괜찮아요."

애써 당당한 척 하는 미정이의 어깨가 오늘 따라 유난히 가냘퍼 보인다.

"슬픈 이야기구나."

"아뇨. 안 슬퍼요."

"난 아이들에게 엄마는 중요하고 특별한 존재라고 생각해. 엄마가 자신을 좋아하지 않는다는 생각이 들면 겁도 나고, 슬프고 화날 것 같은데…."

"그런 생각, 하면 뭐해요. 더 속상하게요."

"그러니까, 네 말은 진짜로는 슬프고 속상한데, 아닌 척 한다는 거니?"

"네. 잊어버리는 게 나아요. 아이스크림이 먹고 싶은데 사먹을 돈이 없으면요, 빨리 포기하는 게 나은 거예요. 자, 이제 선생님이 물어보실 차례예요."

"그래. 만일 엄마 아빠를 파는 가게가 있다면 넌 어떤 엄마 아빠를 사겠니?"

"난 아무도 사지 않아요."

"그럼 누가 널 돌봐주지?"

"필요 없어요. 없는 게 편할지도 모르지요. 더 편할 거예요."

"미정이는 엄마 아빠가 불편하고 어렵구나. 그래서 차라리 없는 걸 택했구나. 미정이도 이다음에 커서 결혼하면…."

이때, 내 말을 자르며 소리치는 미정이.

"난 결혼 같은 거 안 해요!"

"결혼을 안 한다고? 왜?"

"결혼하면 남편 시중을 들어야 하잖아요. 집안일도 많고, 애도 키워야 하고…."

"그런 일들이 힘들 것 같니?"

"힘들죠. 얼마나 힘들겠어요."

"그 중에서 뭐가 제일 힘든 일일까? 남편 시중? 집안일? 애 키우는 거?"

"애 키우는 거요. 그게 제일 힘들어요. 애를 잘못 키우면 아빠한테 엄마가 혼나잖아요."

"미정이 집은 어때? 엄마 아빠가 뭘 제일 힘들어하는 거 같애?"

"아빠는 별로 힘들 거 없어요. 아빠는 집에 오면 왕이니까요. 엄마는 아빠 시중드느라 힘들어요. 나한텐 대장처럼 굴면서 아빠한테는 꼼짝 못하거든요."

"아빠가 무서운가?"

"아빠요? 엄마한테요? 잘 모르겠어요."

"엄마는 아빠 시중을 잘 들어주는데, 아빠는 엄마에게 잘 대해주시니?"

"아빠가 엄마한테 잘 해주는 건지는 모르겠는데… 근데 사람들은 우리 엄마가 시집 잘 온 거래요. 우리 집에선 남자들이 제일 세요."

좀 뜻밖이었다. 그토록 아름답고 세련되고 당당해 보이는 미정이 엄마가 남편 앞에서 꼼짝을 못하다니….

"제 차례예요, 선생님! 선생님은 어떤 책을 쓰고 싶어요?"

"세상엔 아이를 키우는 방법을 잘 모르는 부모들도 많거든. 선생님은 그런 방법과 마음을 알려주는 책을 쓰고 싶어."

"내가 그 책을 읽을 게요. 선생님."

"그럼, 미정이가 내 책의 첫 번째 독자가 되겠네."

"난 머리가 똑똑해지는 책이나, 아이를 잘 키우는 책을 읽고

싶어요."

"그래? 이다음에 아주 현명한 엄마가 될 수 있겠구나."

환한 미소를 짓는 미정이의 모습이 곱다.

"이제 내 차례예요, 선생님! 한번 상상해 보세요. 선생님이 숲 속에 있는 나무인데, 어느 날 나무꾼이 와서 말했어요. '흠, 이 나무는 휘고 못생겼군. 이런 나무는 베어버려야겠어' 라고 했다면 나무가 된 선생님 기분은 어떻겠어요?"

"무섭기도 하고 화가 날 것 같네. 못생겼다는 이유로 베어버린다는 건 불공평하다고 생각되는데?"

"맞아요. 그건 정말 불공평하고 화나는 일이예요. 그럼요, 선생님. 이번엔 선생님이 연필이에요. 그런데 아이들이 그 연필을 일부러 부러뜨렸다면 기분이 어떨까요?"

"흠… 나 자신이 아주 보잘 것 없고 쓸모없게 느껴지겠지. 쓸쓸하고 버려진 것 같은 그런 기분이 들 것 같아. 미정이도 그런 기분을 느껴본 적이 있니?"

어느새 표정이 바뀐 얼굴에 그림자가 드리워져 있다. 미정이는 내 질문을 무시하고 계속 물어본다.

"이번엔 선생님이 눈사람이 되었어요. 아이들은 신나서 밖에 나갔지요. 그리고 눈사람을 만들었어요. 아이들은 눈사람을 보고 좋아했어요. 그런데 해가 쨍쨍 내리쬐자 눈사람은 점점 녹기 시작했어요. 아이들은 눈사람을 보며 말했어요. '이건 이제 예쁘지 않아. 부숴버리자' 하며 발로 차버렸어요."

미정이의 이야기를 듣고 있자니 가슴이 조여 왔다. 이제 열 살 난 아이가 이토록 절절하게 자신의 상처받은 마음을 표현할 수 있다는 게 놀랍고 가슴 아팠다. 이 아이는 이미 알고 있었던 것이다. 자신의 마음을. 언제 어떤 경우에 아프고 무섭고 슬픈지를…. 그런데 아프다고, 슬프고 무섭다고 말할 수 없었던 거다. 엄마에게도, 아빠에게도, 친구들에게도…. 그런데 이제 말하기 시작한 것이다. 사람들에게 함부로 취급 받고 무시당했던 아픔을, 상처를….

이토록 아픔을 감추지 않고 드러내는 걸 보면 그동안 자신의 마음을 두껍게 싸고 있던 등딱지가 벗겨지고 있음이 분명하다. 더욱이 이처럼 깊이 있는 언어로 자신의 마음을 표현해 내다니, 참으로 감탄하지 않을 수가 없다.

아마도 미정이는 아픔을 무조건 눌러 참아오기만 한 게 아닐 것이다. 상처를 받아오면서 자신이 아픈 만큼 타인의 아픔도 배려하는 아이가 된 것이다. 머지않아 상처도 아물게 될 것이다. 다쳐서 피가 나온 자리를 덮었던 딱지가 떨어지고 나면 발그레한 새 살이 돋아 나오듯, 이 아이의 마음도 아물어 해맑은 웃음으로 피어날 것이다. 어서 빨리 그 모습을 보고 싶다는 생각에 가슴이 설렌다.

놀이 시간이 끝나자 미정이가 외투를 입으며 속삭인다.

"선생님, 그런데요, 여기는요, 기분 나쁜 일이 별로 없어요. 무섭지도 않아요. 그래서 참 좋아요!"

그러고는 쑥스러운지 얼른 문을 열고 나가는데, 때 마침 눈놀이를 마친 남동생과 엄마가 문을 열고 들어온다. 성민이라는 남동생이 뛰어 들어오며 "누나! 공원에서 눈사람 만들었다! 굉장히 커다란 눈사람이야. 얼마나 재미있었다구. 약 오르지? 봐. 이거 내가 뭉친 눈이야. 눈!"하면서 양 손에 든 눈 뭉치를 들어

보이며 자랑하는데, 미정이는 들은 척 않고 나를 돌아보며 정중하고 다정하게 인사를 한다.

"선생님 안녕히 계세요. 다음 주에 또 만나요."
"그래, 잘 가렴. 눈길 조심하시구요."

미정이네 가족과 인사를 나누고 상담실 문을 닫으려는데 계단을 내려가던 성민이가 갑자기 뭔가를 미정이 뒷덜미에 집어넣는 모습이 보인다.

"앗! 차거! 이게 뭐야?"

깜짝 놀란 미정이가 몸을 숙여 옷 속에 들어간 눈을 털어내느라 야단이 났는데, 이어서 또 다른 눈덩이 하나가 머리에서 박살이 난다.

"와하하! 눈 맛이 어때? 시원하지? 으하하!"

까불대며 계단을 우당탕탕 뛰어내려 가버리는 성민이. 졸지에 눈 벼락을 맞은 미정이가 머리와 옷 속의 눈을 털어내며 짜증을 낸다.

"옷이 다 젖었잖아, 머리카락도…. 이게 뭐야. 성민이 너, 거기 안 서? 가만 안 둘 거야!"

동생을 쫓아가려는데 엄마가 한 마디 한다.

"동생이 장난 좀 친 걸 가지고 화를 내고 그러니? 시끄럽다. 조용히 하고 가자."

순간, 움찔하는 미정이. 손가락으로 머리카락을 쓸어 넘기는데 물이 뚝뚝 떨어진다. 보다 못해 말했다.

"어머님, 그냥 가면 미정이 감기 걸리겠네요. 잠시 올라오셔서 미정이 머리랑 옷 좀 말리고 가세요."

미정이도 그렇게 하고 싶다는 표정으로 날 쳐다보는데 미정이 엄마는 "괜찮아요. 차 타면 춥지도 않을 건데요, 뭐. 바빠서 빨리 가야 해요"라며 아이들을 재촉한다.

"어서 가자. 눈길이라 퇴근 시간에 걸리면 길 막혀."

내키지 않는 걸음으로 계단을 내려가는 미정이의 뒷모습을 보고 있자니 가슴이 시려왔다.

나는 나쁜 아이예요

　　　　　　　　　　　　　　　　기온이 뚝 떨어진 탓에 자꾸
만 움츠러드는 날이다. 지난주에 눈에 젖은 채 돌아간 미정이
가 혹시 감기에 걸리지는 않았는지 걱정되는 마음에 따끈한 유
자차라도 끓여줄 생각으로 찻물을 올려놓았다. 그런데 오늘따
라 미정이가 좀 늦는다.

　기다리는 동안 미정이를 만나온 지난 몇 달 간의 과정을 떠
올려 보았다. 처음 이곳에 왔을 때만 해도 자신의 감정과 생각
을 가슴 한 구석에 누르고 있었던 미정이. 부모에게 사랑을 받

고 싶지만 그 마음을 살가운 애정표현이나 적극적인 행동으로는 표현하지 못하고 그저 죽은 듯이, 때론 지나치게 순종하는 아이. 그렇게 순종하는 것이 부모의 사랑을 받을 수 있는, 아니 적어도 미움을 받지 않을 유일한 방법인 줄 알던 아이. 미정이가 그런 마음을 갖게 된 데에는 분명 어떠한 계기나 경험이 있었을 것이다.

그동안 지켜본 바에 의하면 부모가 동생을 지나치게 편애하고 미정이를 노골적으로 무시한 것이 미정이로 하여금 자신의 감정을 억압하고 행동마저 위축되게 하지 않았을까 싶다. 물론 이는 어디까지나 추측일 뿐 확실한 것은 아니다. 왜 무시당하고 사랑받지 못했는지, 그 원인은 아직 베일에 가려져 있다. 확실한 원인은 부모님을 통해서만 알 수 있을 것이다.

미정이 모녀가 찬바람에 잔뜩 얼어붙은 모습으로 들이닥친 것은 포트에서 끓고 있던 찻물이 반쯤 졸아들 무렵이었다.

"죄송합니다. 많이 늦었죠? 아이들 옷이랑 시부모님 드릴 선물을 사러 갔다가 맘에 드는 물건이 없어서 여기저기 헤매다

보니… 이렇게 늦은 줄 몰랐네요."

헐레벌떡 뛰어 들어온 미정이 엄마가 허둥대며 설명을 한다. 아닌 게 아니라 미정이 볼이 빨갛게 얼어 있다.

"추운 데서 오래 다니셨나봐요. 잠시 따끈한 차라도 마시면서 몸 좀 녹이세요. 미정이도 많이 추워 보이네요."

아이의 손을 잡아 보니 얼음장이다.

"내일이 시부모님 결혼기념일이거든요. 제가 외며느리라 신경이 많이 쓰이네요."

뜨거운 유자차를 두 손에 얌전히 들고 조금씩 마시는 그녀의 눈동자가 피곤해 보인다는 생각을 하는데 몸 녹일 여유도 없이 일어난다.

"아직도 사야 할 게 많아서요."

시계를 보니 벌써 3시 20분이다. 남은 시간 동안 무엇을 하면 좋을지 물어보려는데 미정이 표정이 심상치 않다.

"엄마랑 쇼핑 많이 했니? 미정이 옷도 샀어?"

"몰라요."

"힘들었나 보구나… 날씨가 엄청 춥지?"

내 질문에는 대답도 않고 심통이 잔뜩 난 얼굴로 의자에 털썩 앉아버리는 미정이, "다리 아프면 좀 쉬어도 돼"하니 "인형놀이 할래요"라며 선반 쪽으로 가더니 유모차와 아기 인형을 가지고 온다. 모래 상자를 열어달라고 하더니 모래를 평평하게 하고 그 위에 아기를 태운 유모차를 놓는다. 그리고 "우리 아기 배고프지? 맘마야. 많이많이 먹어"하면서 우유를 먹이는 시늉을 한다.

"미정이가 아기를 돌보는구나. 미정이가 엄마네."

"아니요. 얘 엄마는 죽었어요. 교통사고를 당했거든요. 불쌍한 아기가 혼자 배고파 울고 있어서 제가 우유를 믹이는 거예요."

"저런! 그럼 아빠는 어디 있는데?"

"몰라요."

"아기 아빠를 찾아봐야 하지 않을까?"

"왜 그래야 하는데요? 그럴 필요 없어요. 아기는 제가 잘 돌볼 수 있어요. 전 음식도 잘 해요."

우유를 다 먹인 후 아기 인형을 침대에 눕혀 이불을 덮어주고는 토닥토닥 손가락으로 어루만지며 재워준다. 아기가 잠들자 시무룩한 표정으로 서 있던 미정이는 선반에서 조금 큰 여자 아이 인형을 가지고 왔다.

"얘는 아기 언니예요. 동생을 돌보지 않고 때리기도 하는 나쁜 애거든요. 혼 좀 내 줄래요."

인형을 모래 위에 앉혀 놓고 야단을 치기 시작한다.

"넌 무슨 애가 공부도 못하면서 어린 동생을 못 살게 구니? 커서 뭐가 될래? 머리는 또 그게 뭐야. 단정하게 빗어야지. 밥도 그만 좀 먹어. 살만 피둥피둥 쪄서 미련 곰탱이 같잖아. 에휴! 니네 엄마가 널 미워하실 만도 하지. 누가 너 같은 애를 이뻐하겠니? 너, 오늘 동생 안 돌보고 혼자 나가 놀았으니 그 벌로 거실 청소하고 설거지도 해!"

야단치는 폼이 아주 익숙한 대사인 듯하다. '평소에 집에서 늘상 듣던 꾸중이 아닐까?' 생각하며 지켜보고 있는데 목소리가 점차 격앙된다.

"너 땜에 엄마가 교통사고 당하셔서 돌아가신 거야. 알아? 니 책임이라구!"

눈물이라도 쏟을 것 같이, 정말로 엄마가 돌아가셔서 슬픔이 북받치는 표정으로 "넌 벌 받을 거야!" 그리고는 언니 인형을 모래에 파묻어 버린다. 그러고도 분이 풀리지 않는지 숨을 씩씩대다가 문득 자신을 지켜보고 있는 나를 의식하고는 멈칫, 동작을 멈춘다.

"미정아! 아기 언니가 잘못해서 엄마가 돌아가셨다고 생각하는구나. 그래서 나쁜 아이라고 생각하는 거야?"

"네. 얘가 엄마를 미워했어요. 엄마가 교통사고라도 당했으면 좋겠다고 생각했거든요."

"누구나 화가 나면, 미워하는 마음이 생기면 홧김에 그런 생각을 할 수도 있어. 하지만 생각만으로 누가 죽는 일은 일어나지 않는단다."

"그럴까요? 그래두요. 얘는 벌 받을 거예요."

표정이 시무룩한 걸 보니 내 말이 별로 위로가 되지 않은 모양이다.

"나가서 책 볼래요" 하더니 곧장 치료실 문을 열고 나가버린다. 시계를 보니 3시 45분을 향하고 있다. 대기실로 나간 미정이는 소파에 모로 누운 채 몸을 웅크리고 눈을 감고 있다. 옆에 앉으면서 말했다.

"시간이 다 되었네. 오늘은 이만 끝내기로 하자. 엄마가 아직 안 오셨으니 여기서 기다리렴."

그런데 대답 대신 얼굴을 돌려버린다. 손을 가만히 잡아 몸을 일으키려는데 미정이 엄마가 문을 열고 들어온다.

"늦은 거 아니죠? 어머나! 미정아! 너 왜 거기 누워 있니? 얼른 일어나지 못해?"

날카롭게 꾸짖더니 내게 사과한다. 미정이는 벌떡 일어나더니 문을 열고 먼저 나가버린다.

"죄송합니다. 선생님. 쟤가 저렇게 버릇이 없는 애는 아닌데요."

"괜찮습니다. 미정이는 제게 무례하게 굴지 않았답니다. 오늘은 미정이가 마음이 좀 불편해 보이네요."

"네?"

"자신을 나쁜 아이로 생각하는 듯해요."

"… 사실 야단을 좀 많이 맞긴 했죠."

"어머님께서 힘 좀 북돋아주세요."

미정 엄마는 대답 대신 미소를 지어 보이며 나갔다.

오늘 나타난 미정이의 심리 상태는 매우 발전적인 것이 틀림없지만 치료자의 입장에서 볼 때 세심한 주의가 필요한 상황이다. 아기를 돌보는 놀이는 부모에게 사랑 받고 싶은 욕구를 보상받으려는 것인데, 엄마를 교통사고로 죽었다고 설정함으로써 엄마에 대한 원망과 복수심을 드러내고 있다. 아버지에게 관심조차 보이지 않은 것으로 볼 때 아빠에 대한 불만도 만만치 않음을 알 수 있다.

그런데 언니 인형을 등장시켜 나쁜 아이라고 구박하는 장면에서 미정이의 또 다른 내면을 짐작해볼 수 있다. 바로 자기 자신에 대한 미움, 불신, 자책감의 표현이다. 공부도 못하고 동생을 잘 돌보지도 않으면서 엄마를 미워하고 교통사고 당하기를 바라는 나쁜 아이는 바로 자기 자신을 뜻한다. 미정이는 이 아이를 구박함으로써 자신이 사람들에게 미움 받아 마땅하다고 자책한 것이다.

사랑받아 본 경험이 거의 없이 냉대와 무시에 익숙해진 아이들은 스스로를 멸시하고 미워하는 감정을 키우게 된다. 사람들이 자신을 미워하는 게 당연하다고 믿어버리는 것이다. 그리하여 자신을 세상에 불필요한 존재로, 아무 것도 할 수 없는 무능한 사람으로 여기다가 우울해지고 무기력해져서 체념과 포기에 빠지게 된다. 이것이 극한으로 치달으면 자신의 생명까지 저버리는 결과도 가져올 수 있다. 또는 정반대로 자신을 사랑해주지 않는 부모와 타인을 원망하다가 타인을 학대하는 범죄의 길로 접어드는 경우도 발생한다.

미정이처럼 상담치료를 받는 아이들은 초기엔 위축된 상태에서 수동적이고 매사 관심이 없는 조용한 태도를 보인다. 그러나 치료를 통해 억압되어 온 감정, 즉 사랑 받고 싶었으나 거절 당한 경험에서 비롯된 욕구불만 따위의 부정적인 감정이 표출되기 시작하면 반항적인 아이로 돌변하는 과정을 거치게 된다. 말이 많아지거나 산만해지기도 하고, 관심 가질 대상이 많아져서 이것저것 쳐다보고 만져보느라 한 가지에 집중할 틈이 없어지기도 한다.

이런 상황이 되면 가족들은 물론 아이 자신도 당황하기 마련이다. 나쁜 감정을 나타내는 자신이 착한 아이가 아닐지 모른다며 불안해 하게 되고, 나쁜 행동을 했으니 벌을 받거나 보복을 당할지도 모른다는 두려움을 갖게 된다. 이런 불안감은 성격이 소심한 아이일수록 더 강하게 나타나며, 일반적으로 불안감이 크면 일시적으로 퇴행하는 현상이 나타난다.

분노와 원망과 미움 따위의 마음이 일어나는 진짜 이유를 알지 못하는데다 자기감정에 책임을 질 만큼 자아가 성장하지 않았기 때문에 도망치고 싶은 마음이 들게 되는 것이다. 그 중에는 어린 아기로 되돌아가서 어른에게 칭얼대는 아이도 있고, 치료 자체를 거부하는 아이도 있다. 이런 경우, 놀이를 하면서 우회적으로 도움을 요청하려는 행동을 보이기도 하므로 세심한 주의와 관찰이 요구된다. 이 시기에는 대부분의 아이들이 치료자에게 부모에 대한 감정을 전이하게 되는데 아니나 다를까, 미정이도 예외는 아니었다.

엄마도 자식을 버릴 수 있어요!

치료실에 들어온 미정이는 커다란 인형집 앞에 서 있다. 여자 아기 인형을 들더니 몸을 돌려 내 눈앞에 확 들이대며 "이 마녀야!" 하고 소리친다.

위협적이리만치 갑작스러운 공격이다. 놀란 사람은 마녀(나)인데, 아기 인형은 마녀(나)가 자기를 놀라게 했다며 화를 낸다. 조금씩 꿈틀거리며 조짐을 보이던 '전이현상'이 나타나기 시작한 것이다.

'전이'란 심리학적인 용어로, 과거 자신에게 의미 있었던 타인의 이미지와 감정을 치료자에게 옮겨놓는 것을 말한다. 대개 아이들은 부모에 대한 감정과 경험을 치료자에게 쏟아놓는다. 자기 앞에 있는 치료자를 부모처럼 대하는 것이다.

미정이는 나에게서 엄마에 대한 감정을 느끼면서 나를 '마녀'로 만들어버린 것 같다. 아마도 엄마에 대한 좋지 않은 감정을 내게 토해낼 것이다. 나는 미정이가 보다 편안하게, 죄책감이나 보복에 대한 걱정 없이 아픈 감정을 토해내길 바란다.

놀이는 이러한 과업을 가장 잘 수행해 낼 수 있는 도구다. 놀이는 그저 '놀이'일 뿐 '꾸며낸' 것으로, 두려워할 필요가 없기 때문이다.

나는 인형바구니에서 마녀 손 인형을 꺼냈다. 인형을 손에 끼우고 마녀 목소리를 냈다.

"어, 조그만 아기가 있군!"

"그래서?"

아기 역할을 맡은 미정이는 말은 날카롭게 하지만 정작 아무런 행동도 하지 못한다. 미정이는 인형 집에 있던 작은 고양이

를 집어 든다. 고양이는 "야옹!" 소리를 내더니 마녀에게 달려들어 할퀴고 뜯는다. 조그만 소리로 미정이에게 물었다.

"마녀가 어떻게 해야 하지?"

"아파하는 소리를 내요. 어서!"

목소리가 다급하다. 나는 소리쳤다.

"윽, 아야, 아야. 제발 살려줘!"

그래도 고양이는 계속 공격한다. 마녀는 그렇게 한참을 고양이의 공격을 받다가 도망갔다.

"흐흥!"

미정이는 만족스럽게 웃고는 아기에게로 돌아와 나긋나긋하고 친절하게 다독거린다.

"아기야, 무서웠지? 이제 괜찮아. 마녀를 해치웠거든."

"이 아기의 엄마는 누구니?"

"얜 엄마가 없어요. 엄마가 버렸어요."

"엄마가 아기를 버렸다구?"

"네. 엄마도 자식을 버릴 수 있어요. 난 가끔 엄마가 동생을 버렸으면 좋겠다고 생각해요."

"엄마에게 자식은 너 하나뿐이었으면 하는구나."

"후후! 하지만 나도 버릴지 모르죠."

"언제 버림 받을지 모른다고 생각하면 참 겁나겠구나."

"그래도 이 아기는 괜찮아요. 내가 돌봐주니까. 그치? 아가야."

"네가 이 아기를 엄마 대신 돌봐주는구나."

"네. 응애응애! 아기가 똥을 쌌어요."

"그럼, 똥을 치워줘야겠구나. 그게 아기를 돌보는 사람이 해야 할 일 중의 하나지."

"아뇨. 이 아기는 스스로 해요. 전에 애 엄마가 다 가르쳤거든요."

"아기가 하기에는 좀 벅찬 일 같은데…."

"그래도 얘는 해야 돼요."

"그럼 돌봐주는 사람은 아기를 위해 뭘 하지?"

"보호해 주는 거요. 그리고 친절하게 말하는 거요. 그게 제일 중요해요."

그 날 저녁 텔레비전에는 아이들을 버리고 가출하는 비정한 엄마들에 대한 뉴스가 등장했다. 엄마도 자식을 버릴 수 있다고 말하던 미정이의 표정이 떠올랐다.

'그래, 엄마도 자식을 버릴 수 있지.'

어린 미정이는 저런 뉴스를 보며 무슨 생각을 할까? 내 가슴에 이렇게 찬바람이 부는 걸 보면, 미정이 가슴엔 거친 태풍이 몰아치고 있지 않을까?

사과를 해!

다시 일주일이 지났다. 오늘도 미정이는 놀이방에 들어오자마자 인형 집 앞에 섰다.

인형 집에는 지난 시간의 마녀가 있다.

"여기는 마녀의 집이예요. 아이 둘이 이 집을 찾아와요."

"헨젤과 그레텔 이야기가 생각나네."

"맞아요. 두 아이가 와요."

미정이는 남자 아이와 여자 아이 인형을 골라왔다. 유심히 보니 미정이가 골라온 여자 인형은 지난번의 그 아기 인형이다.

"똑똑" 숲 속에서 길을 잃은 아이 둘이 마녀의 집 문을 두드린다.

"누구세요?"

"배가 고파요. 먹을 걸 주세요."

마녀는 음흉한 미소를 지으며 '호호호. 아이들이 왔군. 잘 됐어. 일을 시켜야겠어' 혼잣말을 하고는 짐짓 친절하게 말한다.

"어서 들어오렴."

"고맙습니다."

미정이는 내게 몸을 돌려 속삭이며 말한다.

"이 아이들은 아직 마녀가 얼마나 나쁜지 몰라요."

마녀는 아이들에게 음식을 내준다.

"여기에 먹을 게 많단다. 어서 먹으렴."

아이들은 음식을 허겁지겁 먹는다. 그 때 여자 아이가 컵을 식탁에서 떨어뜨린다.

마녀가 "아니, 누가 그랬어? 응?"하고 화를 낸다.

여자 아이는 떨며 숨을 곳을 찾는다.

마녀는 여자 아이를 낚아채며 다그친다.

"너지, 네가 그랬지? 이 칠칠맞은 것아! 넌 벌을 받아야 해."

그리고 남자 아이에게는 다정하게 말한다.

"넌 아주 잘생겼구나. 네가 쟤 것까지 다 먹어라. 어서."

여자 아이는 애원한다.

"나도 먹을 것 좀 주세요. 배고파요."

그러나 마녀는 소리를 버럭 지른다.

"뭐라고? 바보 같은 게… 넌 먹을 자격 없어. 청소나 해."

미정이는 놀이 하다 말고 얼른 일어나 손 인형이 들어 있는 바구니에서 남자 마법사 인형을 꺼내온다.

"딩동" 마법사가 초인종을 누른다.

"누구세요?" 마녀의 물음에 마법사는 퉁명스럽게 "나다"하고 대답한다. 마녀는 문을 열어주며 다소곳하게 인사한다.

"어서 오세요."

"아무 일 없나?"

"아이 둘을 잡아왔어요."

마법사는 남자 아이를 보며 말한다.

"하나밖에 없는데?"

"그 칠칠맞은 여자 아이는 저 밖에 있지요."

마법사는 여자 아이를 보며 "바보 같군"하고 비웃는다. 그리고 남자 아이를 보며

"이 녀석은 꽤 귀엽군. 우리 아들로 삼읍시다" 한다.

마녀는 웃으며 대답한다.

"호호. 좋아요."

다음 시간에도 미정이는 인형 집을 선택했다. 인형 집 안에는 아무도 없고, 집 밖에 개와 고양이, 그리고 강보에 싸인 작은 아기가 있다.

"바람이 많이 불고 있어요. 추운 날이에요."

"추운데 아기는 왜 밖에 있을까?"

"마녀 때문이에요. 집에 들어가야 하는데…."

미정이는 조심스럽게 이리저리 둘러보더니 아기와 고양이를 계단 밑 구석진 비밀 방에 얼른 집어넣는다.

"여기 숨어 있으면 안심이에요. 그런데 마녀가 찾아내면 안 되는데…."

"아기를 도와줄 사람은 있니?"

"있어요. 아기 귀신!"

"아기 귀신?"

"전에 죽어서 귀신이 된 거예요."

"이 아기는?"

"그래요. 지난 번 마녀 집에 갔던 그 아이, 굶어 죽었어요. 마녀가 아기를 죽인 거죠. 이제 복수하러 올 거예요."

진지한 모습의 미정이는 나를 돌아보며 나지막하게 말한다.

"그 마녀 인형을 얼른 가져와요."

마녀 인형이 집안을 두리번거리며 살피기 시작한다.

"흠, 어디서 아기 냄새가 나는데?"

미정이는 잔뜩 긴장한 표정으로 아기 귀신을 들고 있다. 마녀는 점차 아기와 고양이가 숨어 있는 계단 밑 비밀 방으로 다가간다. 마녀가 방 앞에서 걸음을 멈추자, 아기 귀신이 나타나서 마녀의 머리를 툭 치고 숨어 버린다. 마녀는 '억' 소리를 내며 잠시 기절한다. 그 사이 아기 귀신은 마녀를 몇 차례 더 공격한다. 미정이가 말한다.

"이 아기 귀신은 투명인간으로도 변할 수 있어요. 이제 투명인간이 됐어요. 마녀에겐 보이지 않아요."

마녀는 정신을 차리고 주위를 둘러본다.

"어딨지? 도대체 누가 날 때린 거야? 누구야?"

마녀는 투명해진 아기 귀신을 알아보지 못한다. 아기 귀신은 이리저리 움직이며 쉴 새 없이 마녀를 공격한다. 마녀는 "살려줘!"라고 외치며 "왜 날 이렇게 괴롭히는 거니?" 묻는다. 아기 귀신은 싸늘하게 대답한다.

"흥! 내가 왜 이러는지 몰라?"

"응… 모르겠어. 대체 이유가 뭐야?"

"나한테 사과해!"

"무슨 사과?"

"나한테 사과할 것 있잖아!"

"내가 무슨 잘못을 했는지 말해줘."

"흥, 그걸 벌써 잊었다고? 생각해봐."

마녀는 잠시 생각하다가 말한다.

"널 죽여서 미안해."

"그게 아냐. 잘 생각해봐."

마녀가 어떤 말을 해도 아기 귀신은 계속 "잘 생각해봐"를 반복한다.

그 사이 미정이는 아기 장난감이 들어 있는 바구니에서 우유병이랑 먹을 것들을 챙기느라 여념이 없다.

아기 장난감을 뒤지는 모습을 보며 미정이가 놓치고 지나갔을지도 모르는 유아적인 욕구들이 떠올랐다. 미정이는 아기 귀신을 통해 아기 때 받지 못했던 애정과 돌봄과 온갖 유아적인 욕구를 얻고 싶어 떼를 쓰고 있는 것은 아닐까? 참는다고, 표현하지 않는다고, 사랑을 원하지 않았던 게 아닌데, 왜 그걸 몰라줬냐고 투정부리는 것은 아닐까?

어느 책에선가, 동화나 우화에 등장하는 모든 마녀는 엄마요, 거인은 아빠라는 글을 읽은 적이 있다. 동화 속의 마녀는 달콤한 요술로 사람의 눈을 멀게 하고 그 후에는 배신과 착취를 일삼는다. 게다가 엄청나게 이기적인 존재다. 백설공주의 마녀는 그 어린 공주가 자기보다 더 예쁘다는 이유로 죽이려 하고, 잠자는 숲속의 공주에 나오는 마녀는 자신을 초대하지 않았다는 이유로 저주를 내린다. 헨젤과 그레텔의 마녀는 자신의 능력으로 얼마든지 만들 수 있는 빵집의 한 조각을 뜯어먹었다는 이유만으로 아이들을 학대하고 잡아먹으려 한다. 달콤함 뒤에 숨겨져 있는 잔인함, 그것이 마녀의 모습이자 엄마의 모습일 수도 있다.

미정이뿐 아니라 모든 아이들에게 엄마는 결코 포기할 수 없는 존재다. 엄마의 부드러운 미소와 말 한마디를 어찌 달콤한 설탕물 정도에 비유할 수 있을까? 하지만 그 달콤함은 수시로 배신이나 슬픔과 같은 씁쓸함으로 돌아오기도 한다. 엄마 아빠를 비롯한 어른이란 존재는 아이들의 눈에 이해할 수 없는 이상한 존재로 보일 때가 많다. 한없이 크나큰 사랑을 주다가도 불현듯 무시무시한 고함과 난폭한 행동으로 두려움에 떨게 만들기도 하는….

미정이 역시 엄마에게서 마녀를 연상하는지도 모른다. 그리고 분명 그 불쌍한 아기 귀신은, 구박받던 여자 아이는 미정이 자신일 것이다. 이 아이는 놀이를 통해 자신의 고통과 좌절을 보여줬고, 이제 놀이를 통해 보상받으려 한다.

 어른들과 달리 상처 받은 아이들의 마음을 치료하는 데는 놀이를 활용하는 방법이 흔히 쓰인다. 어른의 경우는 말로써 자신의 상처나 감정을 치료자에게 털어놓는 것이 가능하지만 아이들은 쉽지 않기 때문이다. 상처 입은 아이들은 자신이 겪은 일을 돌이켜 보는 것을 두려워하는데 상처가 크고 깊을수록 공포와 두려움에서 벗어나기가 힘들다. 단적인 예로 아동 폭력이나 성폭력을 지속적으로 당한 아이들 중에는 피해 사실을 부인하는 경우가 많다. 끔찍한 기억을 떠올리기 싫고, 사실을 털어놓으면 벌을 받거나 비난을 받을 것이라고 생각하기 때문이다.
 이런 경우, 직접적인 말로 치료하기보다는 놀이를 통해 마음을 표현하는 방법이 적합하다. 놀이를 통해 자신이 겪은 일을 표현하고 마음을 드러냄으로써 치유의 과정을 밟는 것이다. 그런데 놀이를 할 때도 사람 인형을 고르지 못하는 아이들도 있다. 사람이 두려운 나머지 사람 인형도 갖고 놀지 못하는 것이다. 이런 아이들은 처음엔 사물이나 동물 인형을 갖고 놀기 시작해서 마음의 힘이 강해진 다음에야 비로소 사람 인형을 갖고 놀게 된다.

처음에는 놀이를 통해 치료가 이루어지다가 내적인 힘이 더 강해지면 사람과 사람 사이의 관계에서도 솔직한 마음을 표현할 수 있게 되는 것이다.

미정이도 충분한 놀이 과정을 거치고 나면 머지않아 현실 생활에서도 자아를 성취할 날이 오겠지. 그날이 곧 눈앞에 닥칠 것임을 확신한다.

아이 때문에 힘들어요

마지막 상담을 마치고 퇴근 준비를 하려는데 미정이 엄마가 상담실 문을 열고 들어왔다. 한 손에는 음료수 병이 들려있다.

"선생님, 지금 시간 괜찮으세요? 죄송해요. 전화라도 드리고 오는 건데… 선약이 없으시다면 잠깐 이야기를 할 수 있을까요?"

상담실에 자리를 마주하자, 미정이 엄마는 미안하다는 표정으로 말을 꺼냈다.

"상담이 잘 되어가는 건가요?"

"무슨 일이 있습니까?"

"미정이가 말대꾸도 점점 늘고, 얼마 전에는 저보고 밉다고 하더라구요. 일기에다가 엄마는 마녀 같다고도 써놓고…. 좋아지는 기미는 안보이고, 순했던 아이가 반항을 하니 집안이 위태위태해요. 그동안 선생님 말씀 듣고 이 고비만 넘기면 될 것 같아서 기다리는 데도 점점 심해지니… 힘드네요."

"어떤 점이 제일 힘드시죠?"

"모르겠어요. 내가 자길 위해 고생하는 것도 모르고 마녀라고 하는 것도 화나고, 남편 눈치 봐야 하는 것도 싫고…."

"미정이를 위해 이렇게 애쓰시는데 그것도 몰라주고 원망을 하니 많이 서운하셨겠어요. 여전히 남편에게서는 도움을 받지 못하시나봐요."

"남편은 괜한 짓 했다고 해요."

"미정이가 말대꾸하는 것도 어머님 책임이 되어버렸겠군요."

"그런 셈이죠."

"처음부터 미정이 아버님은 상담에 반대하셨는데 그래도 시작하시고, 지금까지 끌어오셨는데…."

"내 자식이잖아요. 담임 선생님까지 걱정하시는데… 내가 봐도 아이가 별로 행복한 것 같지 않고…."

"모성의 힘이네요. 아이가 행복하길 바라는…."

"……."

"지금 그만 두면 앞으로 1년 후 미정이의 모습은 어떻게 될 것 같나요?"

"…전처럼 살아가겠죠. 답답한… 자기 이야기 못하는 아이로…."

"그렇게 되길 바라시나요?"

부모에게 하기엔 너무 잔인한 질문이라 생각되었지만 그래도 물었다.

"… 아니요."

"미정이를 좀 더 믿어보시겠어요?"

잠시 숨을 고른 뒤에 천천히 말을 이어나갔다.

"지난 번 말씀드린 것처럼 미정이한테 조금씩 힘이 생기고 있어요. 전에는 자기 주장이나 의견을 말하는 걸 어려워했는데, 지금은 곧잘 자기 이야기도 하고 놀이로도 표현을 제법 잘하고 있어요."

"……."

"요즘엔 놀이를 하면서 엄마와의 갈등을 표현하고 있답니다. 엄마에게 사랑 받고 싶은 욕구가 많지만 한편으로는 자신의 그런 마음을 충분히 알아주지 못하는 엄마에 대한 원망감도 많아 보여요. 하지만 정말 중요한 것은 미정이가 엄마의 사랑을 간절히 원한다는 거지요."

"사랑 받고 싶으면 사랑 받도록 행동하면 될 텐데, 왜 미운 짓을 하죠?"

"그동안 억눌린 감정이 많아서 그런 거죠. 아이들은 놀이치료를 받으면서 평소에 억압해 놓았던 자신의 감정이나 생각, 경험들을 드러내 놓거든요. 겉으로는 맑아 보이는 호수를 휘휘 저으면 어떻죠? 더러운 침전물들이 떠올라 금방 수면을 채우게 되잖아요. 마찬가지예요. 아이의 마음도 휘휘 저으면 밑에 가라앉아 보이지 않았던 것들이 떠오르게 됩니다. 억눌렸던 마음에는 부정적인 감정들이 가득 쌓여 있어요. 이런 불순물들을 건져 버려야 진정으로 맑은 호수가 되는 것이지요. 물론 그 후로도 더러운 것들은 쌓이게 되지만, 일단 한 번 불순물을 걸러

내는 방법을 알게 되면 스스로 정화하는 능력이 생긴답니다.

 말씀드린 대로 지금 미정이의 마음속에는 그동안 눌려 있던 온갖 감정과 생각들이 마구 떠오르고 있는 중이에요. 거기엔 부정적이고 어두운 기억과 감정들이 많을 겁니다. 그러다보니 아이가 날카로워지고 짜증내고 화를 내기도 하는 거죠. 하지만 이것은 일시적인 현상이고, 반드시 거쳐야 하는 과정이에요. 곧 아이는 마음이 맑아져 새롭고 즐거운, 긍정적인 경험들을 쌓고 표현하게 될 것이고, 부정적인 감정을 스스로 정화시키는 능력을 키우게 될 겁니다. 지금이 고비니 좀 더 인내심을 갖고 지켜봐주시면 좋은 결과를 보게 되실 거예요."

 "잘 모르겠네요. 도대체 우리가 뭘 그리 잘못했다고 쪼끄만 녀석이 쌓인 게 많다는 건지"
 "아이들은 그래요. 어른이 보기에 사소한 일로도 아파하고 상처 받거든요."
 "아무튼, 나빠지는 게 아니라니 다행이군요. 매번 올 때마다 그만 둬야지 생각하다가 선생님 이야기 듣고 나면 또 계속하게 되네요."

"마음이 바뀌셨다니 정말 다행이군요. 이렇게 어머님과 이야기를 나눌 수 있어서 정말 기뻐요. 나중에 한번 따로 뵙고 싶군요. 지금이 아주 중요한 시기이니 이 부분을 어떻게 다루어야 할지 좀 더 구체적으로 이야기할 시간을 가졌으면 좋겠네요."

"음….''

미정이 엄마는 쉽게 답하지 못했다. 잠시 생각하더니 "네. 하지만 요즘은 좀 바빠서… 시간 나면 전화 드릴게요. 그럼 전 이만"하고 얼버무리며 서둘러 자리를 떴다.

확답을 받지 못한 것이 아쉬웠지만 그래도 무관심해 보이던 미정이 엄마가 먼저 나를 찾은 것은 긍정적인 현상이다. 비록 치료를 중단하기 위해 찾아 온 것일지라도 부모 쪽에서 먼저 상의해 왔다는 것은 아이의 치료 진행 과정에 관심이 있다는 분명한 증거니까.

어쨌든 미정이는 치료실과 가정 모두에서 변화하고 있다. 본격적인 자아 찾기가 시작될 시점인 것이다.

미친 배 놀이

　　　　　　　　　　동장군의 심술이 한풀 꺾인 듯 한결 포근한 느낌이 드는 날이다. 미정이는 까만 모자를 푹 눌러쓰고 찾아왔다. 그런데 치료실에 들어와서도 모자를 벗지 않는다.

　"모자가 잘 어울리네. 그거, 미정이가 좋아하는 모자니?"
　"별루에요."
　"모자 쓰고 있으면 덥지 않니?"
　"네. 근데 왜 물어보세요? 벗어야 해요?"
　'요 녀석 보게나. 말투가 은근히 반항적인 걸. 벗어야 한다

고 말하면 대들기라도 할 태세네. 하지만 흠! 난 네가 기대하는 대로는 말하지 않을 거야.'

"모자 벗고 싶니?"

"선생님부터 내 질문에 답하세요. 이 모자, 벗어야 해요?"

"네 맘이지. 벗고 싶으면 벗고, 쓰고 싶으면 계속 쓰고 있으렴."

미정이가 히죽 웃는다.

"집에서는 방에서 모자 쓰고 있으면 혼나요. 근데 선생님은 왜 야단 안 치세요?"

"난 미정이 엄마가 아닌 걸, 그리고 여긴 네가 무엇이든 맘대로 할 수 있는 곳이잖니."

"친엄마라면요. 만약 선생님 딸이 그러면 어떻게 하실 건데요?"

"내가 엄마라면 어떻게 할지 궁금하구나."

"네. 말해줘요."

"나라면 먼저 방에서 왜 모자를 쓰고 있는지 물어볼 거야. 특별히 안 될 이유가 없다면 본인이 하고 싶은 대로 하도록 내버려두겠지."

"방에서 털모자를 쓰고 있으면 머리에서 땀도 나고 냄새도 나는데… 그럼 안 좋잖아요. 실내에서 털모자를 쓰는 건 예의도 아니에요. 그런데도 모자를 벗으라고 안 하시면 좋은 엄마가 아니죠."

차근차근 따지고 드는 기세가 야무지다. 미정이 너, 뭔가 바라는 게 있구나.

"호호! 그런 거니? 미정이는 아이에게 뭐가 좋고 나쁜지 결정해서 좋은 것을 하도록 하는 게 좋은 엄마라고 생각하는구나. 그럼 지금 선생님이 상담실에선 모자를 벗어야 한다고 말해주면 좋겠니?"

"아니요."

모자를 쓱 벗어서 탁자 위에 아무렇게나 던져버린다. 그리고는 불만 가득한 얼굴로 방안을 돌아다닌다.

"공놀이 할래요."

고무공을 꺼내서 벽이랑 바닥에 몇 번 튀기더니 "에이… 재미 없어"하며 한쪽에 있는 커다란 쿠션에 픽 쓰러지듯 누워버린다. 말이 없다. 하품도 한다.

미정이는 지금 혼란에 빠진 것 같다. 자신의 반항적인 말투에도 내가 그다지 동요하지 않으니 불안감을 느끼고 있는지도 모른다. 어쩌면 미정이에게는 말대답이나 자기 주장을 받아들이지 않는 어른들, '너를 위해' 혹은 '네가 나쁘거나 서툴기 때문에'라는 이유로 지적하고 야단치는 어른들이 더 익숙할 수도 있다. 그런 어른들에게 길들여진 미정이의 눈에는 나 같은 사람, 즉 '그냥 네가 원하는 대로 생각하고 느껴도 된다'고 말하는 사람이 오히려 불편하고 낯설게 느껴질 것이다.

어느 땐 차라리 부모님처럼 야단치고 명령하는 게 편하다고 생각해서 그런 반응을 이끌어내려고 일부러 불평하고 툴툴대는 것인지도 모르겠다. 심기를 건드려서라도 나한테 야단을 맞으려는 심산으로…. 만일 내가 아이의 의도대로 야단을 친다면 아이는 스스로가 볼품없고 하찮은 존재임을 다시 확인할 것이다. 하지만 난 아이가 기대하는 대로 행동하지 않을 것이다. 오히려 미정이의 내면에 감춰진 아름다움을 드러내도록 도와줄 것이다. 마음과 생각, 욕구를 있는 그대로 비춰주어서 마침내 자신을 사랑하도록, 그렇게 할 것이다.

시체처럼 쿠션 위에 늘어져있는 미정이의 머리를 부드럽게 쓰다듬는다. 미동도 없다. 쿠션을 옆으로 살짝 흔들어주니 작은 소리로 "큭큭" 웃으며 "더 세게 해봐요" 요구한다.

"그럼 미친 배를 한번 타볼까?"

"미친 배요?"

"응. 이 배의 이름이 미친 배야. 왜냐하면 어디로 갈지 모르니까. 탈래?"

"네!"

"꽉 잡아!"

커다란 쿠션을 힘껏 잡고는 이리저리 휘젓고 다니기 시작했다. 미정이는 쿠션을 꽉 움켜잡은 채 "어, 어" 소리친다. 한참을 그렇게 돌아다니자 나도, 미정이도 얼굴이 발갛게 상기되었다.

쿠션 위에 큰 대자로 누운 채 미정이가 내 얼굴을 가리킨다.

"선생님 얼굴은 왜 이렇게 작아요? 선생님 코에 점이 있네."

손가락으로 점을 만진다. 얼굴에 닿은 작은 손을 잡았다.

"손가락이 참 가늘구나."

"선생님 손가락도 가늘어요."

"흠흠… 좋은 냄새가 나는 걸. 세수하고 로션 발랐구나?"

"머리 냄새도 맡아보세요. 무슨 냄새가 나요?"

"어디… 킁킁… 머리 냄새가 나네. 땀 냄새도 나고."

"제 머리 더럽죠?"

"머리 안 감았니?"

"네. 오늘 아침에 머리 안 감고 왔어요."

"그랬구나."

"귀찮아서요."

"오늘은 머리 감기가 귀찮았어?"

"네. 왜 머리를 만날 감아야 하죠? 어차피 또 더러워지잖아요. 가끔만 감으면 좋겠어요."

"며칠에 한 번 감으면 좋겠니?"

"일주일요."

"일주일?"

"네, 아니… 제가 감고 싶을 때요."

"그렇구나. 미정이가 머리 감고 싶을 때 감기를 원하는 거구나."
"엄마가 아침마다 세수하고 머리 감으라고 하니까 짜증나요."
"잔소리 들으면 짜증나지."
"네, 선생님. 이렇게 누워서 노니까 참 좋아요."

발가락을 맞대고 장난을 치더니 불현듯 잠잠해진다. 숨소리가 쌔근거리는 것이 잠이 들었나보다. 담요를 덮어주고 시계를 보니 45분을 넘어서고 있었다.

엄마의 고백

아침 일찍 미정이 엄마에게서 전화가 왔다.

"저, 지난번에 만나서 이야기하는 게 좋겠다고 하셨죠? 오전에 시간 있으세요?"

만남을 요청한 지 2주 만에 연락이 온 것이다. 생각보다 빠른 답변이었다. 얼른 수첩을 꺼내 스케줄을 확인해 보았다. 선약이 있다. 하지만 이번 기회를 놓칠 수는 없다 싶어 미정 엄마와 약속을 잡고 나서 만나기로 한 지인에겐 양해를 구했다.

10시 정각. 상담센터의 문이 열리더니 미정이 엄마가 들어왔다. 긴장된 모습이다. 인사를 건넸다.

"먼저 연락을 주셔서 고맙습니다."

"아니, 뭘요. 우리 애 때문인데요."

"처음 뵈었을 때 상담에 같이 참여하기 어렵다고 하셨죠. 그동안 마음 고생도 하셨고… 그런데 오늘 이렇게 오시다니. 그동안 한 번도 빠짐없이 미정이를 데리고 오셨잖아요. 웬만한 정성이 아니면 힘든 일이지요."

"약속은 지켜야죠. 그런데 무슨 일로?"

"지난 번 말씀드린 것처럼 미정이가 전과 달리 행동해서 힘이 드실 것 같고, 제가 궁금한 점도 있고 해서요."

"아… 그러셨군요. 미정이는 동생한테도 심술을 많이 부리고 말대꾸도 여전한데 이젠 좀 제가 익숙해져서인지 처음보다는 낫네요."

"동생이랑 많이 싸우나요?"

"전에 비해선 자기도 뭐라고 하긴 하는데 여전히 동생한테 당하지요, 뭐. 자기보다 한참 어린데도 왜 그런지 모르겠어요."

"어머님도 동생이나 언니, 오빠가 있으세요?"

"네. 남동생이 하나 있어요."
"미정이랑 똑같네요."
"네."
"어머님 어릴 때 이야기를 듣고 싶은데, 해주실 수 있으세요?"
"아니, 뭐… 별 거 없는데… 그냥 평범한 가정이었어요. 다만 어머니가 좀 극성맞은 것 빼고는요."

미정이 엄마의 고향은 대구였다. 친정아버진 약사였던 큰아버지를 도와 약국에서 일을 했다. 대구 시내에 있는 꽤 큰 약국이었던 데다 아버지가 약국의 실무를 보았기 때문에 경제적으로는 그리 어렵지 않게 살았다고 한다.

친정어머니는 대구에서 좀 떨어진 시골 출신이었지만 교육자 집안이라는 자부심이 매우 강한 분이었다. 친정어머니는 아버지에게 바가지를 심하게 긁는 편이어서 대놓고 '약국 사환'이라며 무시하기도 했다. 미정이 엄마는 다소 허탈하게 웃으며 "우리 엄만 모성이 약한 분인 것 같아요. 엄마보다는 아버지가 더 따뜻했어요"라며 말을 이어갔다.

친정어머니는 딸에게는 야박한 대신 아들만 극진히 보살폈다. 먹을 것부터, 입을 것 까지 아들에 대한 편애가 심했다. 그런 엄마의 모습이 너무 싫어서 미정이 엄마는 중학생이 되자 집에서 말도 잘 안하고 동생에게 냉랭하게 대하기 시작했다. 빨리 친정 엄마 곁을 떠나고 싶어 공부도 열심히 했다.

노력한 끝에 서울에 있는 그래도 괜찮은 대학에 입학했다. 반면 남동생은 엄마의 전폭적인 지원에도 불구하고 서울에 있는 대학으로 진학하는 데 실패했는데 그게 그렇게 고소할 수가 없었단다. 대학을 졸업하고 직장생활을 잠시 했는데, 직장 선배에게 지금의 남편을 소개 받고 6개월 만에 결혼했다. 물론 직장은 그만 두었다. 남편을 열렬히 사랑한 것 같지는 않지만 남편이 적극적으로 구애했고, 여러 조건으로 볼 때 놓치기 아까운 상대였기 때문에 결혼을 결심했다.

남편은 집안도 좋고 학벌도 좋은 이른바 엘리트 신랑감이었다. 시댁은 소위 말하는 '사'자가 들어가는 사람이 줄줄이 있고 재산도 명예도 어느 정도 갖춘 집안이었다. 남편은 그런 집안의 외동아들이었으니 폐백 때부터 '우리 집안은 손이 귀하니 아들만 낳아주면 네 할 도리는 다 하는 거다'라는 말을 들어야 했다.

　시부모님에게 크게 잔소리나 간섭을 받지는 않았지만 편하지는 않았다. 남편의 적극적인 프러포즈로 결혼을 했지만 막상 결혼하니 시댁이나 남편에 비해 자신과 친정이 너무 초라한 것 같아 기가 죽고 눈치가 보였다. 그런 와중에 미정이를 임신했다. 임신 기간 동안 시댁 식구들은 틈만 나면 '아들만 낳으면…'이라고 했다. 덕분에 '혹시 딸이면 어떻게 하나'라는 불안을 안고 열 달을 보내야 했다.

　미정이를 낳은 날, 그녀는 시댁 식구들의 실망 어린 소리를 수차례 들어야 했다. "다음엔 아들을 낳아야 할 텐데…"라는 말을 자꾸 듣다보니 아직 이름도 짓지 않은 아이가 원망스러웠다.

"미정이를 낳고 나서 성민이를 보았으니, 그나마 다행이죠. 또 딸이었으면 미정이가 얼마나 더 구박을 받았겠어요."

"어머님도 자라오면서 동생 때문에 힘들었는데, 미정이도 마찬가지네요."

"그러게요. 자라면서 '우리 엄마처럼 되지 말아야지. 딸 낳으면 더 예뻐해야지' 결심했는데, 이상하게도 아들이 더 예뻐요."

"미정이한테 제일 화날 때가 언제죠?"

"바보같이 굴 때요. 그냥 다른 사람에게 당하고만 있을 때…. 화를 내거나 때리기라도 했으면 좋겠는데, 그렇게 가만히 있으니 사람들이 더 만만하게 보잖아요."

흥분한 듯 볼이 발그레 달아오르는 미정 엄마의 모습에서 어린 시절, 남동생만을 편애하는 어머니에게 발끈하던 소녀의 모습이 겹쳐진다.

잠시 생각에 잠겨 있던 미정 엄마, 갑자기 시계를 보더니 깜짝 놀라며 자리에서 일어난다.

"어머, 벌써 시간이 이렇게 되다니. 성민이 영어 갈 시간이라서요."

시계를 보니 정말 한 시간이 흘렀다. 그 어느 것에도 비할 수 없는 소중한 만남이었다. 엄마의 모습에 딸이 들어 있다는 사실을 알게 된 시간이었으니까.

너도 당해봐라!

3월이 얼마 남지 않았다. 미정이는 이제 4학년이 된다.

오늘도 미정이는 아기와 마녀 인형을 골랐다. 아기는 술을 잔뜩 모으더니 벌컥 벌컥 닥치는 대로 먹어치운다. 그리고는 혀 꼬부라진 목소리로 말한다.

"마녀, 어딨어? 어딨냐구? 사과를 받아야 하는데… 마녀한테 사과를 받아야 한단 말야."

제정신으로는 마녀에게 대항할 용기가 아직 없나보다.

그 순간 마녀가 나타났다. 방금 전의 호기는 다 어디로 갔는지 아기는 책을 들고 열심히 읽는 척한다. 마녀가 다가와 묻는다.

"무슨 책이니?"

"아주 아주 재미있는 책!"

"나도 좀 보여줘라."

"안 돼. 싫어."

"좀 보여줘."

아기는 마지 못하는 척 "좋아. 여기 있어. 봐" 하더니 책을 던지고 도망간다. 책 속에는 아기가 싼 똥이 잔뜩 들어 있다. 마녀는 똥 냄새를 맡고 어쩔 줄 몰라 한다. 아기는 고소해 한다.

"히히히. 약 오르지?"

아기는 구석으로 가서 혼잣말로 중얼거린다.

"마녀를 어떻게 골탕 먹이지? 이렇게 할까, 저렇게 할까? 아! 그게 좋겠다. 선생님! 유모차 주세요. 마녀를 아기로 변하게 할 거예요."

콧노래를 흥얼거리며 인형 바구니를 뒤적인다.

"흠! 아주 못생긴 아기로 골라야 해. 아주 못생긴… 랄랄라!"

마침내 못생긴 아기 인형을 발견한 미정이가 마녀에게 간다. 그리고 흥분한 목소리로 말한다.

"넌 영원히 아기로 살아야 돼! 아주 착한 아기로… 흐흐! 처음엔 좀 힘들 거야."

이제 아기 앞에는 못생긴 아기가 된 마녀가 놓여 있다. 아기는 마녀에게 명령한다. "야. 이 못생긴 아기야! 내 우유병을 갖고 와. 그리고 저 통에다가 이 물건들을 모두 담아!"

못생긴 아기 마녀는 여러 살림살이를 작은 통에다가 집어넣는다. 하지만 통이 작아 다 들어가지 않는다. 아기는 마녀에게 짜증을 낸다.

"이런, 바보 같은 아기야. 빨리 빨리 하지 못해! 왜 이리 느려 터졌니?"

급기야 아기 마녀를 한 대 때린다. 아기가 된 마녀는 엉엉 울지만 오히려 아기는 "울긴 왜 울어, 이 바보야. 울면 더 맞을 줄 알어! 그동안 너, 힘세다고 잘난 척 했지? 어떠냐?" 하며 약 올리고 마녀는 당하기만 할 뿐이다.

"야, 이 못생긴 마녀야. 넌 이제부터 이 아기 시중을 들어야

해. 알겠어? 이 아기 말을 안 들으면 혼날 줄 알아? 응? 알았어, 몰랐어?"

미정이는 한동안 마녀에게 우유병 씻기, 기저귀 갈기, 유모차 밀기, 잠재우기 등 온갖 아기 돌보기를 다 시켰다.

막강했던 마녀를 작은 아이로 만들어버리고, 아기를 돌보게까지 만들었건만 미정이는 허탈해 보였다. 나는 힘없이 앉아있는 미정이에게 다가갔다. 그리고 미정이 손에 축 늘어져있는 아기 인형에게 말을 건넸다.

"아기야. 왜 그리 힘이 없어 보이니? 마녀에게 아직도 할 일이 남아 있니?"

미정이가 힘없이 고개를 저으며 대답한다.

"애한테는 보살펴줄 엄마가 필요해요."

"지금은 마녀가 돌봐주고 있는데?"

"마녀는 벌 받아서 억지로 돌봐주는 거잖아요. 그런 거 말고 진짜로 돌봐주는 사람."

"그래. 할 수 없이 봐주는 게 아니라 정말 잘 돌봐주는 그런 엄마가 필요한 거구나."

미정이는 인형 바구니를 뒤져 늘씬한 바비 인형을 고른다.

"그게 아기 엄마니?"

"네."

"아기는 그 엄마를 좋아할까?"

미정이의 얼굴에 희미한 미소가 떠오른다.

"이 엄마는 조금 잘난 척은 하지만 그래도 잘 돌봐줘요."

세련되고 늘씬한 바비 인형, 미정이 엄마의 모습이 떠올랐다. 마녀에게 복수를 했지만 미정이가 진정으로 바라는 것은 복수가 아니라 엄마의 따뜻하고 진심어린 보살핌이라는 것이 새삼 느껴졌다. 많은 아이들이 놀이 치료실 안에서 엄마에 대한 복수극을 펼친다. 때론 잔인하다고까지 느껴질 정도로 처절한 복수극이 펼쳐지곤 한다.

하지만 그럼에도 불구하고 아이들의 진짜 마음은 복수 그 자체가 아니다. 엄마에게 사랑받고 싶은데, 그게 자신이 원하는 만큼 혹은 자신이 원하는 방식이 아니었기에 화나고 섭섭하고 원망스러운 것뿐이다. 내가 만난 아이 중 엄마에게 사랑받기를 원치 않은 아이는 단 한명도 없었다. 아이들이 "엄마 미워"라고 말할 때 엄마들은 그걸 "엄마, 날 더 사랑해줘요. 내가 사랑받는다고 느끼게 해줘요"라는 의미로 이해할 수 있어야 한다.

오늘 미정이는 엄마에 대한 복수극을 펼치고는 곧장 허탈해졌다. 왜냐하면 엄마는 여전히 필요한 존재고 사랑 받고 싶은 존재이기 때문이다. 미정이의 진짜 마음은 엄마를 없애고 싶은 것이 아니라 자신을 사랑하고 돌봐줄 엄마를 갖고 싶은 것이다.

용기를 내자!

　　　　　　　　　　　다음 시간. 기분 좋은 모습으로 들어온 미정이는 "오랜만에 이거나 해볼까?"하며 모래상자로 다가간다. 30분가량을 진지한 표정으로 놀잇감 하나하나를 살피며 모래 위에 자신의 세계를 꾸며놓았다.

　모래 상자 가운데에는 커다란 성이 있다. 성 안에는 왕비와 왕, 그리고 왕자가 살고 있다. 성 밖 동굴에는 여자 아이가 있다.

　"네 작품에 대해 설명해줄래?"
　"여긴 성이예요. 왕비는 안절부절 해요. 동굴에 자기의 딸이 있거든요."

"왕비의 딸이면 공주일 텐데, 왜 동굴에서 살지?"

"왕궁에서 쫓겨났기 때문이에요."

"어떤 잘못을 했니?"

"왕의 말을 듣지 않았어요."

"왕의 미움을 샀구나."

"네, 그래서 쫓겨난 거예요. 하지만 왕비는 마음이 아파요. 자기 딸이니까요."

"왕에게 말해도 소용이 없니?"

"네. 왕비는 겁이 많아요. 자기가 공주를 용서하라고 하면 자기까지 쫓겨날까봐요. 그래서 지금 안절부절 하는 거예요."

"왕비가 어떻게 할 것 같니?"

"왕비는 왕의 눈치를 보고 있어요. 왕이 잠들면 몰래 왕궁밖에 나가서 공주에게 먹을 걸 주고 올 거예요."

"공주는 왕비가 어떻게 해줬으면 하고 바랄까?"

"공주는 괴로워요. 자기 때문에 왕비가 슬퍼하니까요. 그래서 동굴 속에서 기도를 해요."

"어떤 기도?"

"자기가 말 잘 듣는 아이가 되기를…."

"공주는 자기 때문에 이 모든 어려움이 시작되었다고 느껴 마음이 아프구나."

"그래도…" 갑자기 소리를 높이며 미정이가 말했다.

"왕도 너무 해요. 누구나 잘못은 하는 건데…."

"그래. 공주는 왕을 많이 원망하겠다. 섭섭할 거야."

"네. 많이요."

"오늘 미정이가 만든 모래 작품의 제목은 뭐라고 짓고 싶니?"

"용기를 내자!"

"용기를 내자?"

"네. 모두 용기를 냈으면…."

"만일 미정이의 바람대로 여기에 있는 사람들이 용기를 낸다면 어떤 일이 벌어질까?"

내 생각이 재미있었는지 미정이는 킥킥 웃으며 "글쎄요, 어떻게 될까요?" 한다.

"보여줄래?"

미정이는 먼저 왕비를 집어 들었다. 왕에게 다가가서는 "여보, 공주를 불러와야겠어요. 애가 한번 그럴 수도 있지, 너무 한 거 아니에요?" 하며 따지듯 묻는다.

내가 왕을 집어 들고 미정이에게 귓속말로 물었다. "뭐라고 할까?"

미정이가 답했다. "놀란 척해요."

나는 왕이 되어 말했다.

"아니, 이 여자가?! 지금 무슨 말을 하는 거요?"

"나도 참을 만큼 참았다구요. 당신 너무 한 거 아니에요?"

"그럼, 흠… 알아서 해요."

미정이가 공주를 집어 들고 왕궁으로 다가온다.

"똑똑. 난 공주다. 문 열어라. 엄마. 나 왔어요. 왜 나 안 데리러 왔어요? 그리고 아빠. 너무 해요. 나도 아빠 딸인데…."

"어때, 용기를 잘 낸 것 같니?"

내가 물었다. 미정이는 환하게 웃으며 "잘한 것 같아요" 한다.

미정이는 "이 왕비는 엄마구요, 공주는 나예요. 왕은 아빠구요"라고 소리 내어 말하지는 않았지만 난 알 수 있었다. 이게 바로 놀이의 힘이고, 놀이가 치료의 수단으로 쓰이는 이유다. 말은 그저 말에 그친다면, 놀이에는 말도 있고 행동도 있고 느낌도 살아 있다. 말보다 더 강한 위력을 갖고 있는 것이 놀이인 것이다. 말로는 설명하기 힘들어도 놀이에서는 자신이 의식하지 못한 부분까지도 드러난다. 정서적인 어려움이 있는 아이의 경우에는 더욱 그러하다. 자신의 문제에 몰두하다보면 무엇을 해도, 어떤 놀이를 해도 직접 표현하지 못했던 자신의 문제가 드러나게 되어 있다. 현재에도 그랬고 과거에도 그랬던 것처럼 미정이에겐 엄마의 사랑이 필요하고 가족에게 소속되는 것이 필요했다. 그걸 미정이는 놀이를 통해 적나라하게 나타내었다. 뿐만 아니라 엄마의 갈등까지 눈치 채고 있었다. 딸과 남편 사이에서 어찌할 바 모르는 나약한 존재인 엄마, 엄마에 대한 연민까지 느껴지는 대목이었다.

마녀는 나쁘지 않아요

다시 수요일 오후다. 오늘 미정이는 인형극을 한다며 모래 상자 위에 무대를 꾸몄다. 그리고 남녀 아이들과 강아지, 고양이, 토끼랑 비둘기 같은 동물 인형들을 모아 놓더니 지난 시간 미정이의 모래 작품에 등장했던 왕과 왕비, 공주, 왕자까지 관람석에 앉혀 놓았다.

"숲 속에 작은 마을이 있어요. 여기는 마을 공터에요. 아이들이 놀러 나오는 곳이죠. 밤이 되자 아이들이랑 동물들은 모두 돌아갔어요. 내일도 여기 나와서 놀 거예요."

그러더니 갑자기 심각한 표정으로 어른 인형 몇 개를 골라

마을 공터에 세운다. 여자 어른이 다급한 목소리로 "어젯밤에 우리 아이가 없어졌어요. 누구 본 사람 없어요?"하고 묻자, 남자 어른이 걱정스럽게 되묻는다.

"저런, 어디 갔는지 몰라요? 친구네 놀러 간 거 아닐까요?"

여자 어른이 울음을 터뜨린다.

"아무리 찾아도 없어요. 제발 우리 애 좀 찾아주세요!"

다음으로 미정이의 해설이 이어진다.

"마을 사람들은 다함께 걱정하면서 숲으로 갔어요. 그리고 아이를 찾아보기 시작했어요. 냇가에도 가보고 동굴 안에도 들어가 봤어요. 하지만 아이는 아무 데도 없었어요."

나는 말했다.

"엄마 아빠가 무척 걱정하시겠구나. 아이가 없어졌으니 얼마나 마음이 아플까?"

"그렇겠죠? 그런데요, 사실 그 애 아빠 엄마는 애를 미워했어요. 잘 돌봐 주지도 않았거든요. 그래도 아이가 사라졌으니 걱정은 되겠죠?"

"당연히 그렇겠지. 아이는 어떻게 됐을까?"

"모르죠. 그래서 지금 마을 사람들이 모여 회의를 하고 있어요."
그러더니 마을 회의를 연출한다.

먼저 남자 어른이 입을 연다.
"요즈음 우리 마을에서 아이들이 자꾸 없어지니 걱정입니다."
"그러게요. 지난번에도 어린 아기가 마녀 때문에 죽었잖아요. 혹시 이번에도 마녀가 한 짓이 아닐까요?"
여자 어른의 말에 강아지가 맞장구를 친다.
"맞아요. 마녀 짓이 틀림없어요."
"제 생각에도 마녀가 데려간 거 같아요. 마녀는 아주 못됐거든요. 아이들을 미워해요."
고양이가 거들자, 토끼와 또 다른 남자 어른도 합세한다.
"마녀는 아이들을 괴롭히고 구박했어요."
"우리 모두 마녀를 찾아내서 혼내줍시다. 다시는 나쁜 짓 못 하게요!"
모두 마녀를 혼내주자며 우르르 몰려 나가려는데, 한 여자 아이가 소리친다.

"마녀 짓이 아닐지도 몰라요! 마녀는 그렇게 나쁜 사람은 아닌 것 같아요."

동네 사람들이 웅성거리며 아이에게 물었다.

"왜 그렇게 생각하는데?" 그러자 아이는

"마녀는… 이제 착해졌거든요. 아기 귀신한테 사과하고 나서 착한 아기로 변했어요. 그러니까 마녀 짓이 아닐 거예요"하고 대답한다.

이번에는 내가 물었다.

"마녀 짓이 아니라면 아이는 대체 어디로 간 걸까? 또 다른 사람이 데려갔을까? 아니면…."

미정이의 얼굴을 바라보니 의미심장한 표정이다.

"집을 나갔을지도 모르죠. 혼자 멀리 가버렸을 거예요."

"왜 그렇게 생각하니?"

"그런 아이도 있어요. 혼자 살고 싶어 하는 아이도요."

"미정이도 그런 생각 한 적 있어?"

"글쎄요. 제 생각엔 어린 아이가 혼자 살면 무서울 거 같아요. 좀 귀찮더라도 아직은 어른이 돌봐주어야 하잖아요."

"그렇게 생각하는구나."

"네, 인형극은 그만 할래요. 아이는 집으로 돌아올 거예요. 마녀는 이제 아이들을 괴롭히지 않으니까요."

인형극을 끝낸 미정이의 얼굴에는 행복한 미소가 감돌았다.

"다섯 살 때 뛰어가다가 넘어진 적이 있었는데, 엄마가 날 업어줬어요. 그 때 기분이 참 좋았어요."

엄마에 대한 긍정적인 기억을 말한 것은 이번이 처음이다. 미정이의 마음 속에 마녀로 자리 잡고 있던 엄마의 그림자가 차츰 지워지고 있다는 징조가 아닐까?

어느덧 45분, 헤어질 시간이 되었다. 그런데 문을 나서던 미정이가 갑자기 질문을 던진다.

"있잖아요. 선생님은 왜 맨날 치마만 입어요?"

"치마가 더 편해서. 왜? 이상하니?"

"선생님, 공주병이에요?"

"아! 그러고 보니까. 미정이는 치마를 입고 온 적이 별로 없구나."

"난 공주병이 아니거든요. 바지가 더 좋아요."

대기실에서 듣고 있던 미정엄마가 슬그머니 다가와 말을 건넨다.

"아휴! 저도 옷 입는 것 때문에 속상해 죽겠어요. 학교를 가든 어딜 가든 늘 헐렁한 면 티셔츠에 면바지, 아니면 트레이닝복만 입어요. 사실 집에 예쁜 치마도 있거든요. 그런데 통 입으려 하질 않아요. 남 보기에도 부끄러운데…. 다른 말은 잘 들으면서 왜 그렇게 옷 입는 문제엔 고집불통인지 모르겠다니까요. 성민이 태어난 후로는 치마를 제대로 입은 적이 없는 것 같아요."

지극히 여성적인 취향의 엄마와 선머슴 같은 딸. 그동안 왠지 안 어울리는 조합이라는 생각은 들었다. 생각해 보니 미정이는 놀이방에서도 바비 인형의 드레스를 벗기고 바지와 셔츠만을 입혔다.

미정이네 모녀는 옷 입는 문제로 잠시 티격태격하다가 상담실을 떠났다. 엄마가 하는 말에 제법 말대꾸를 하는 미정이의 모습도 보기 좋았고, 딸을 장난스럽게 툭툭 치며 놀리는 엄마의 모습도 이젠 꽤 자연스러워 보인다.

내 마음이 어떤지 말해봐요!

　　　　　　　　　　　　이제 미정이는 엄마와는 제법 편해진 느낌이다. 하지만 부모를 포함한 타인과 친밀하게 접촉한 경험이 적었던 아이가 사랑과 관심을 나누는 방법을 배우려면 꽤 시간이 필요한 법이다. 첫사랑이 마음만 앞서 서툰 것처럼 아직 미정이는 좀 더 자신의 마음을 표현하는 법을 배워야만 했다.

　사건의 발단은 성민이에 관한 이야기에서 비롯되었다. 오늘따라 성민이 없이 엄마와 단둘이 나타난 미정이는 "성민이가 없어서 좋아요" 라고 했다.

내가 "응. 오늘은 성민이가 안 왔구나" 하니, "네. 친구 생일 파티 갔어요" 한다.

다시 "엄마랑 단 둘이 오니까 좋았어?"하고 물으니, 외면한 채 "난 성민이가 싫어요" 한다. 도전적인 말투다.

옆에 있는 인형들을 툭툭 치며 거칠게 다루더니 몸을 돌려 애원하기 시작한다.

"선생님, 말해봐요. 지금 내 마음을요."

"너는 성민이를 싫어한다고 했지. 성민이의 어떤 점이 제일 싫으니?"

"아잉! 선생님! 선생님이 말해줘요. 선생님이 말하는 거 듣고 싶어요."

갑자기 어린 애가 된 것 같다. 세 살배기 같은 말투에 발까지 동동 굴러댄다.

"미정이는 선생님이 말해주길 원하는구나."

"네. 선생님, 말해줘요. 선생님은 알잖아요. 어서요, 응? 어서."

이제는 숨 넘어가는 시늉까지 한다.

"내가 너에 대해 모두 알고 있다고 생각하는구나. 네 생각, 마음까지."

"선생님은 다 알잖아요. 빨리 말해줘요. 어서요, 어서."

"선생님도 미정이가 원하는 걸 말해주고 싶어. 하지만 네가 알려주지 않으면 나는 진짜 너의 마음을 알 수 없단다."

나의 말에 아랑곳하지 않고 미정이는 곧 울기라도 할 듯 애원한다.

"제발, 제발이요, 말해줘요. 선생님은 다 알잖아요. 엄마는 내 맘을 다 안다고 해요. 하지만 뻥 같아요. 그래도 선생님은 알죠?"

"미정이가 많이 섭섭했겠구나. 지금도 섭섭하겠다. 선생님도 네 맘을 몰라주는 것 같아서."

"어서요. 그런 말 이제 하지 말아요. 어서 말해줘요. 선생님이 내 맘 알고 있다는 걸 어서 보여줘요."

미정이가 자꾸 조르고 칭얼대는 것은 마음을 표현하는 것이 수월치 않기 때문이다. 마음을 표현하고 싶기는 한데, 자기 입

으로 말하기는 힘드니 상대방이 읽어주기를 바라는 것이다.

　미정이가 애타게, 간절하게 원하면 원할수록 내 마음도 까맣게 타들어간다. 마음 같아선 "그럼, 선생님은 다 알지"하며 달래주고 싶다. 하지만 조른다고 해서 원하는 답을 준다면 미정이는 툭하면 징징거리며 조르는 아이가 될 것이다. 답이 마음에 들지 않는다면 날 원망하겠지. 자신을 사랑하지 않는다고, 관심이 없다고, 어른들은 다 거짓말쟁이라고 믿어버리게 될 지도 모른다. 그렇게 되면 긍정적이고 성숙한 인간관계를 배울 기회를 놓치게 되는 것이다.

　긍정적이고 성숙한 관계에는 책임과 노력이 수반되어야 한다는 것을 이 아이는 배워야 한다. 사랑을 받으려면 먼저 자신의 마음을 제대로 전달해야 한다는 것을 깨달아야 한다. 그러기 위해서는 동생을 미워하는 마음, 엄마에게 분노하는 감정이 사랑 받고 싶은 욕구에서 비롯된 것임을 인정해야 한다. 그리고 자신을 긍정하면서 자신의 마음을 제대로 전달하는 방법을 터득하지 않으면 안 된다.

또한 타인의 마음도 이해하고 수용할 줄 알아야 한다. 타인의 마음을 이해하지 못하고 추측이나 짐작만 해서는 충분한 소통이 이루어질 수 없기 때문이다.

"미정아, 난 너에게 관심이 많아. 널 좋아하고, 네 생각, 네 마음을 다 알고 싶어. 네가 몸으로 표정으로 말로 알려주면 난 네 마음이 어떤지, 무슨 생각을 하고 있는지 알 수 있어. 하지만 네가 표현해주지 않으면 아무것도 알 수 없단다."

"전에 내가 말했잖아요. 성민이가 싫다구요. 그거 잊었어요?"

쉽게 물러날 태세가 아니다. 기어이 내게서 성민이에 대한 험담 몇 가지를 듣겠다는 각오를 단단히 한 모양이다. 또 다시 "어서요"하며 세차게 몰아댄다.

"전에 미정이가 말했지. 성민이가 귀여운 척 하는 것도 싫고, 성민이 때문에 단 둘이 있을 수 없어서 싫다고 했지."

미정이는 연신 고개를 끄덕인다.

"네, 맞아요. 하지만 그게 다는 아니에요. 내가 얼마나 성민이를 싫어하는지 말해주세요. 진짜 내 마음을요."

45분 내내 미정이는 마치 젖 마른 엄마 옆에서 먹을 것을 보채는 아기같이 칭얼대고 졸라댔다. 다음 주에도, 그 다음 주에도 미정이의 투정은 한없이 이어졌다.

하지만 나는 희망을 발견하고 기뻤다. 이제 미정이는 감히 자신의 헝클어진 심기를 고스란히 내보일 만큼 힘이 생긴 것이다. 전에는 놀이를 통해 자신의 감정과 생각과 욕구를 드러냈다면 그러한 과정을 통해 쌓인 힘을 직접적인 대인관계에서 사용해보고 싶은 것이다.

정서적으로 위축된 아이들은 자신의 아픈 마음을 말로 표현하는 데 큰 어려움을 느낀다. 가끔 표현을 해보지만 서툴기 때문에 핀잔만 듣기 일쑤다. 그러한 경험을 몇 번 하고 나면 아이들은 입을 닫는 것이 차라리 낫다고 생각한다. 그러면서 점점 말로 표현하는 법을 잃어간다.

놀이는 말보다 접근하기 쉽고 자연스러운 표현도 이끌어낼 수 있다. 그러나 표현하는 법을 잃어버린 아이들은 놀이에서도 어려움을 느낀다. 아이들이라면 "와!"하고 달려들 만큼 매혹적인 놀이감 앞에서도 무표정하고 눈길조차 주지 않기도 한다. 미정이도 그런 아이들 중 하나였다. 이런 아이들이 놀이에 관심을 가지려면 무엇보다도 마음이 편해야 한다. 이 방에서만큼은 남의 눈치를 볼 필요가 없다는 안도의 마음이 들 때 비로소 놀이에 이끌리게 되는 것이다.

그리고 놀이를 통해 자신을 표현하는 법을 배우고, 타인과 소통하는 경험을 한 아이는 이제 보다 직접적인 소통을 원하기 마련인데, 대개 치료자가 그 첫 상대가 된다. 따라서 아이가 치료자에게 마음을 표현하기 시작했다면, 이는 치료의 진전을 의미한다. 그러니 어찌 미정이의 투정이 기쁘고 반갑지 않겠는가.

미정이가 내게 투정 부리고 요구를 하게 된 것은 아마도 이 사람 앞에서는 그래도 미움 받지 않을 것이라는 안전감이 자리 잡았기 때문일 것이다. 따라서 나는 행복해야 하고 기뻐해야 한다. 이 기회를 통해 미정이가 사람들 앞에서 당당히 자신의 욕구와 생각을 펼쳐 보일 수 있는 용기를 얻게 되길 바란다.

마음은 표현한 만큼만 알 수 있어

오늘도 미정이는 화를 내며 떼를 쓴다.

"어서 말해주세요. 선생님!"

미정이 앞에 앉아서 주먹 쥔 작은 손을 잡고는 간절한 심정으로 입을 열었다.

"날 봐. 미정아."

이미 미정이의 눈에는 눈물이 그렁그렁 맺혀 있다. 날 쳐다보는 얼굴이 젖먹이 아기 같다.

"선생님, 어서요. 다 알면서, 어서 말해요."

"미정아! 난 정말로 네 마음을 알고 싶어. 언제나 그랬고, 지금도 그래. 넌 마음을 조금씩 보여주었지. 말로 보여준 적도 있고, 행동이나 놀이로도 보여주었어. 그래서 조금씩 알게 되었지. 너의 마음을 말야. 성민이가 밉다는 것도, 엄마 아빠에게 야단맞는 게 무섭고 힘들었다는 것도, 슬프고 외로웠다는 것도, 엄마 아빠의 사랑을 받고 싶어 한다는 것도 알게 되었어. 노래를 잘 해서 사람들을 즐겁게 해주고 싶어 한다는 것도 알아. 하지만 보여주거나 말해주지 않은 것까지는 알 수가 없어. 아무리 알고 싶어도 말야. 미정아! 내가 좀 더 네 마음을 잘 알 수 있게 해 주지 않겠니? 얼마나 동생을 싫어하는지, 진짜 하고 싶은 게 뭔지 말해줘."

"선생님은 날 좋아하지 않아요?"

"좋아해. 넌 정말로 중요하고 소중한 사람이야."

주르르. 미정이의 눈에서 눈물이 흘러내린다.

"저런! 울고 있구나. 지금 아주 슬프구나. 눈물이 그걸 말해 주는구나."

"……"

"미정이는, 사랑하면 말하지 않아도 표현하지 않아도 다 알 수 있다고 생각하는구나. 내가 네 마음을 몰라주니 사랑하지 않는다고 생각했구나. 내가 널 사랑하는지, 아닌지 그걸 확인하고 싶은 거니?"

"선생님은… 날 사랑하는 줄 알았어요."

"물론 난 널 사랑해."

"그런데 모르잖아요."

"난 성민이가 네 방을 함부로 들어올 때 네가 얼마나 속이 상한지 알아. 지난 번 네가 만든 미술 작품을 성민이가 망가트렸을 때 얼마나 화가 났는지도 알고…. 그리고 성민이가 함부로 굴어도 참아야 할 때 얼마나 슬픈지도 알고, 이게 네가 듣고 싶었던 말이니?"

고개를 설레설레 흔든다.

"미정아! 난 널 사랑하지만 네가 나에게 표현해 준만큼만 널 알 수 있어. 사랑한다고 모든 걸 다 아는 것은 아니거든. 나한테 듣고 싶은 말이 있구나. 그걸 말해 줄래? 네가 그렇게 해준다면 난 그 말을 열 번이고, 백 번이고 네가 원하는 만큼 해줄 수 있어."

"……."

"말해봐."

"힘들어요."

"그래… 말하기 힘들 때가 있지. 그토록 듣고 싶은 말인데도 네 입으로 직접 말하지 못하는 건 어쩌면 네가 말하기에 벅차기 때문일 수도 있어. 그럼, 이 방법은 어떨까? 말이 아닌 다른 것으로 보여줄래? 힌트를 줘. 내가 네 마음을 더 알 수 있게, 말할 수 있게."

간절히 말했다. 진심으로 미정이의 마음을 알고 싶었고, 그리고 미정이 스스로 마음의 빗장을 풀어내길 원했다. 원하는 바를 얻기 위해선 행동하고 실천해야 한다. 그러지 않고 얻을 수 있는 건 아무 것도 없다. 그것이 세상이다. 큰다는 것은, 성장한다는 것은 진실하게 자신을 열어가는 과정인 것이다.

내가 내민 화장지로 눈물을 닦은 미정이는 막힌 목소리로 물었다.

"어떻게 보여줘요?"

"놀이나 말로… 아니면 행동으로….".

한참을 망설이다 일어난 미정이가 벽돌 블록을 가져온다. 자기 둘레에 벽돌을 빼곡하게 쌓아 두터운 담을 만들었다.

"이게 힌트예요."

"음… 꽉 막혀있구나. 답답해 보이기도 하고, 그 안에 있는 네가 외로워 보이기도 해. 그리고… 그곳은 너만의 공간 같기도 하구나."

미정이는 고개를 끄덕인다.

"그거니? 네 마음이? 너만의 공간을 갖고 싶다는 거?"

"비슷해요."

약속된 시간이 그새 끝나버렸다. 미정이는 벽돌 블록 사이에 앉아 나갈 생각을 않는다. 밖에 엄마가 기다리고 있는데도 모른 척 미적거리다가 아쉬운 표정을 감추지 못하며 방을 나갔다.

나만의 집

　　　　　　　　　　또 수요일이 왔다. 미정이는 한층 씩씩해진 모습으로 들어왔다. 그러나 여전히 "말해줘요. 내 마음을…" 하며 졸라댔다. 작은 가방에 먹을 것을 잔뜩 챙기고, 부지런히 벽돌 블록을 날라와 사방이 꽉 막힌 집을 만들었다.

"선생님! 제가 힌트를 주면 알 수 있다고 했죠? 이게 힌트예요."

"네 마음을 좀 더 알 수 있게 해줘서 고맙다. 흠… 어디 한번 추리해볼까? 만일 내 추리가 틀리면 그땐 알려줘야 한다. 넌 이미 답을 알고 있지?"

"네."

"여행을 떠날 준비를 하는 것처럼 보인다."

미정이의 얼굴이 환해진다.

"그거랑 비슷해요."

"집을 나간다?"

"네!!!"

미정이가 큰소리로 외친다.

"그거예요. 선생님. 선생님이 맞혔어요. 내 마음을 맞혔다구요!"

"그랬구나. 고맙다. 알 수 있게 해줘서. 대단하구나. 네 마음을 보여줄 용기를 냈어."

"그게 진짜였어요. 난 성민이가 싫어요. 성민이에게 방해 받고 싶지 않아요. 그래서 성민이가 없는 곳에서 살고 싶어요."

"저게 너만의 집이니? 성민이의 방해를 받지 않는, 오로지 너만의 공간? 이 물건들은… 모두 먹을 거네."

"저기는 내 집이예요. 나만의 집. 혼자서 이 음식들을 실컷 먹을 거예요."

미정이는 먹을 것을 잔뜩 넣은 작은 여행 가방을 들고 사방이 꽉 막힌 벽돌집으로 들어간다. 음식들을 꺼내 벽돌 밑 비밀 창고에 감춰두고 벽돌집 안에 웅크리고 자는 시늉을 한다. 그 날은 그렇게 갔다.

그 다음 주에도 미정이는 사방이 꽉 막힌 벽돌집 안에서 보냈다. 전 시간과 달라진 것이라곤 전화기 한 대를 들여놓은 것뿐이었다. 벽돌집 밖에 사는 타인인 나는 미정이네 집으로 전화를 걸었지만 미정이는 전화를 받고는 아무 말도 하지 않고 끊는다. 잠시 후 전화가 왔다. 하지만 역시 아무 말도 없다.
"미정이니? 혹시 미정이니?"
전화가 툭 끊긴다.

미정이의 혼란스러운 마음이 느껴지는 시간이었다. 미정이가 말한 것처럼 성민이가 너무 미워서, 자신이 설 자리가 없는 집을 떠나 혼자만의 공간을 갖고 싶은 마음도 물론 있을 것이다. 그런데 미정이가 지은 꽉 막힌 벽돌집은 그동안 자기표현을 억누른 채 사람들과 거리를 두고 살아온 자신의 모습과도 너무나 닮아 있었다. 그렇다면 벽돌집 안에 덩그러니 놓여 있던 장난감 전화기는 세상과 소통하고 싶은 미정이의 욕구는 아니었을까? 막상 나에게 전화를 걸어보지만 단 한마디도 못하고 전화를 끊어버릴 수밖에 없었던 미정이.

"난 혼자 있고 싶은 게 아니에요. 친구가 필요하고, 엄마 아빠가 필요해요. 여기 와서 함께 놀아주세요. 날 다정하게 안아주세요."

이 말을 하고 싶은데, 가슴이 꽉 막혀 아무 말도 하지 못한 건 아니었을까? 혹여 거절당할까봐, '넌 왜 거기서 이상한 짓을 하고 있니? 어서 나오지 못해?' 하고 핀잔이나 들을까봐 두려워하던 평소의 마음 그대로가 아니었을까?

오랜 시간 몸에 밴 습성은 참으로 견고하게 남아 있기 마련이다. 세상과 소통하고 싶은 욕구는 강렬하지만 미정이는 쉽사리 입을 열 수가 없었을 것이다. 아무리 갈망한다 해도 단숨에 달라질 수는 없다. 변화가 어디 그리 쉬운가!

어른들은 아주 쉽게 말한다. "할 말 있으면 해봐!" 하지만 자신이 하고 싶은 말을 잘 할 수 있는 사람은 어른들 중에서도 흔치 않다. 아내를 사랑하면서도 "사랑해"라는 말을 평생 입 밖에 꺼내지 못하는 남편도 있고, 남편이 갖다 준 월급이 고마우면서도 "이것밖에 못 벌어 와?"하며 괜히 핀잔이나 늘어놓는 아내도 있다. 아이가 조금만 잘못하면 '안 그래야 하는 걸 알면서도 소리 지르게 된다'고, 그래서 자신은 어쩔 수 없나보다고 하는 부모들을 나는 수없이 봐왔다.

어른들은 스스로도 못하면서 아이에게 빨리 변하지 못한다고 화를 낸다. 아이들은 야단맞는 대신 격려를 받아야 한다. 간절히 원하면서도, 좋은 줄 알면서도 변화하기가 두렵고 서툴 수밖에 없는 아이의 마음을 이해하고 용기를 주어야 한다.

미정이를 만난 건 그로부터 두 주가 지나서였다. 그동안 많이 아팠단다. 얼굴이 핼쑥해지고 갸름해졌다. 치료실에 들어오더니 커다란 쿠션에 쓰러지듯 눕는다.

"많이 아팠나보네" 하고 말하니 씨익, 수줍게 웃고는 순하게 말한다.

"선생님, 그 때 내가 만들었던 집 기억나요?"

"그럼."

"그거 만들어주세요."

"응. 알았다."

"아니, 그거 말고 소파를 만들어주세요."

"소파? 그래. 1인용으로 할까, 2인용으로 할까?"

"2인용도 돼요?"

"그럼."

"그럼 2인용이요."

벽돌 블록으로 등받이가 있는 기다란 소파를 만들었다. 그 사이 미정이는 먹을 것과 아기 물건들을 가방에 챙겨 넣었다.

"이제, 여기가 내 집이예요."

"소파가 미정이의 집이 됐구나. 전에는 벽으로 막혀 있었는데 지금은 벽이 없네."

미정이는 잠시 고개를 갸웃거리다 벽돌 블록을 몇 개 더 집어 와서 내 앞으로 벽을 쌓는다. 아직 마음의 벽이 다 무너지지는 않았나보다. 하지만 양 옆으로는 뚫려 있다. 그 쪽으로 고개를 내밀고 들여다보았다. 미정이는 눈을 가볍게 흘기며 "에잉" 하지만 그 뿐이다. 지난 번 사방이 꽉 막힌 집에 비하면 훨씬 숨통이 트인다.

잠시 후 "선생님!"하고 부른다. 벽돌 담 위로 삐죽이 올라온 미정이의 손 끝에 작은 장난감 휴대폰이 보인다. 전화를 걸었다.
"따르릉, 따르릉!"
"네."
"거기 미정이네 집이죠? 미정이네?"
"네. 누구세요?"
"나야. 선생님."
"근데, 왜요?"
"새로 이사 간 집은 마음에 드니?"
"네. 조용하고 편해요."
"난 언제 초대할 거니?"
"아직은요… 혼자 있고 싶어요. 아, 참. 우리 엄마한테 말했어요? 나 집나온 거?"

"그것 때문에 전화했어. 니네 엄마한테 알려야 할 것 같아서."

"하지 말아요. 아직 준비 안됐어요. 성민이가 알면 시끄러워지니까 나중에 해요. 이만 끊어요."

미정이는 자신만의 집에서 밥을 해먹고, 잠을 자고, 가끔 내게 전화를 했다.

혼자만의 집에서 사는 미정이를 보며 전에 미정이가 모래 작품에서 보여주었던 공주 생각이 났다. 집에서 쫓겨나 동굴에서 살며 부모가 찾아와주기를 바라던 공주. 지금 미정이도 혼자만의 집에 머물며 자신을 찾아와줄 부모를 기다리는 것은 아닐까?

하지만 나는 안다. 미정이는 큰 그릇이다. 부모의 도움만을 기다리기보다는 자신이 먼저 부모를 초대하고 끌어안을 만큼 마음이 큰 아이다. 다만 이 아이에겐 좀 더 자신의 마음을 추스르고 회복할 시간이 필요할 뿐이다. 자신에게 상처를 준 세상을 보듬어 안을 마음의 준비. 그 준비가 갖춰지면 미정이 스스로 벽을 허물고 세상과 손을 잡을 날이 올 것임을 나는 예감하고 있다.

벽을 허물다

다음 주, 몸이 많이 회복된 듯 한층 씩씩해진 모습으로 놀이 치료실에 온 미정이는 콧노래까지 흥얼거린다.

"오늘은 미정이 기분이 좋아 보이네?"
"네. 이따 끝나고 엄마랑 만화영화 보러 갈 거예요."
"와! 정말 좋겠구나."
"그럼요. 얼마나 좋은데요. 게다가 성민이는 안 가요."
신이 났다.
"성민이는 아빠랑 축구해요."

"미정이는 엄마랑, 성민이는 아빠랑. 여자는 여자끼리, 남자는 남자끼리 노는 날이네."

"진짜 그렇네."

호호 웃는다.

"엄마와 단둘만의 외출, 얼마만이니?"

"기억할 수 없을 정도로 오래 전…" 하면서 빙그레 웃는다.

"그럼, 오늘은 정말 특별한 날이겠구나."

"네. 그래도 놀 건 놀아야죠. 오늘도 집을 지을 거예요."

벽돌 블록을 영차영차 들고 온다.

"선생님 같이 지어요."

미정이가 공사감독이 되어 집을 지었다. 짓고 보니 사방이 꽉 막혔다. 더욱이 나를 향한 벽은 내 앉은 키를 훌쩍 넘을 정도로 높다. 아, 담이 다시 높아졌네. 가슴 한쪽이 서늘해지려는데, 미정이가 날 부른다.

"선생님. 저리 비켜 봐요."

반짝이는 눈으로 날 보더니 "하나, 둘, 셋!" 소리와 함께 발로 뻥!

내 쪽으로 높이 쌓여있던 벽돌담이 와르르 무너진다. 졸지에 담이 사라졌다. 우리는 바라보며 웃었다.

"담이… 우리 사이에 있던 담이 없어졌네."

"내가 차버렸어요."

"그래. 이젠 미정이가 잘 보이는구나."

뭐라고 형용할 수 없는 느낌이 가슴에서 뜨겁게 치밀어 오른다. 드디어, 드디어 벽을 허문 것이다. 부모의 무관심과 냉대에 상처 입고 스스로 쌓아올린 벽, 더 이상 상처 받지 않으려고 세상과 단절하고 몸을 숨겨오던 벽, 그 벽을 다른 누구도 아닌 열한 살 소녀 미정이가 발로 뻥! 차서 허물어 버린 것이다.

비록 종이 블록으로 쌓은 벽에 불과하지만, 이 벽을 무너뜨리기까지 미정이는 얼마나 먼 길을 돌아왔던가! 지난 몇 달 동안의 일들이 주마등처럼 스쳐갔다.

깊은 자책의 늪에서 벗어나고, 자신이 소중한 존재임을 깨닫고, 자신에게 상처를 준 사람들의 모습을 직시하고, 그들을 용서하고…. 그 지루한 과정을 거치면서 조금씩 두려움을 떨쳐내고 자신감을 얻고, 마침내 그 힘으로 자신을 가로막은 벽을 걷어낸 미정이가 너무도 대견하고 사랑스러워서 나도 모르게 눈물이 났다.

"선생님. 뭐해요? 파티장을 만들어요."
감격에 겨워 정신이 멍해진 나를 미정이가 일깨운다.
우리는 무너진 벽돌 블록을 모아 넓은 파티장을 만들었다. 공주, 왕자, 아기, 마녀 모두 모여 신나게 춤을 출 거란다. 파티에 갈 인형들을 인형 바구니에서 부지런히 고른다. 바비 인형들도 있다. 미정이는 지난 번 자신이 셔츠와 바지로 갈아 입혀 놓은 바비 인형을 손에 들고 고민을 한다.
"어떤 옷을 입힐까 생각 중이니?"
"네. 파티니까… 드레스도 좋을 것 같은데…."
"그럼. 드레스를 입히면 되겠구나."
"너무 야한 거 아닌가? 공주병 같고."
"드레스를 입히고 싶지만 다른 사람들이 뭐라고 할까봐 걱정이 되는구나."

"네. 너무 공주같이 보이면…."

"그게 왜 문제가 되지?"

"너무 튀어 보이기도 하고, 잘난 척하는 것 같기도 하고…."

"예뻐 보이고 멋져 보이는 것은 잘못이 아닌데…. 그리고 이건 놀이고, 우리만 보니까. 하지만 네가 결정하렴. 네가 입히고 싶은 걸로 말이야."

고민하더니 분홍색 반짝이로 만든 드레스를 골라 입힌다. 바비 인형들은 모두 멋진 드레스를 입고 파티에 참석했다. 왕자님들과 춤도 췄다.

내가 물었다.

"미정이도 예쁘게 꾸미면 다른 사람들이 잘난 척하는 걸로 볼까봐 걱정이 되니?"

"조금요. 난 그냥 이렇게 입는 게, 평범하게 입는 게 눈에 안 띄고 좋아요."

"네가 정말로 입고 싶은 건 뭔데?"

"성민이도 바지만 입어요."

"성민이는 남자잖아. 남자들은 치마를 입지 않으니까."

"그렇죠. 성민이는 남자니까…."

조금 힘 빠진 말투다. 그렇다면 혹시? 한 가지 의혹이 스쳐 갔다.

미정이가 외모에 무심한 건 워낙 위축되고 자신감이 없는 탓이라고 생각했었다. 자신감이 없으면 남들 눈에 띄는 것도 부담스럽고, 스스로 예쁘고 화려한 모습보다 누추한 모습이 어울린다고 생각할 수 있으니까. 하지만 불현듯 다른 이유가 있는 건 아닐까 하는 생각이 들었다. 혹시, 이 아이, 성민이처럼 남자가 되고 싶은 건 아닐까? 집안에서 사랑 받는 아이인 성민이가 남자이기에, 자신도 남자처럼 보이면 부모에게 사랑 받을 수 있다고 생각하는 건 아닐까?

조심스럽게 물었다.
"미정이는 다시 태어난다면 여자로 태어나고 싶니? 남자로 태어나고 싶니?"
"남자요."

"남자로 태어나면 뭐가 좋을까?"

"아빠처럼 엄마에게 시중도 받을 수 있고, 잘못해도 야단 덜 맞고…."

"그래서 미정이도 남자로 태어났다면 엄마, 아빠에게 사랑을 더 받았을 거라고 생각하니?"

"성민이는 야단을 안 맞아요."

"남자로 태어난 성민이가 부럽구나."

갑자기 날 바라보며 경쾌한 목소리로 말한다.

"선생님. 좋은 말이에요. 내가 성민이를 왜 싫어하는지 열아홉 가지는 알았는데, 한 가지를 몰랐거든요. 선생님이 알려 줬네요. 성민이가 남자로 태어난 게 싫어요."

"성민이가 싫은 이유는 모두… 엄마 아빠의 사랑을 많이 받고 싶은 마음 때문인 것 같구나."

어느덧 슬픈 표정이 된 미정이가 묻는다.

"성민이가 없었다면 내가 사랑을 더 많이 받았겠죠?"

놀이를 마치고 대기실로 나갔더니 미정이 엄마가 얼른 다가

와 속삭이듯 말한다.

"미정이가 요즘 달라졌어요. 한동안 말대답도 하더니, 요즘 그건 괜찮아졌는데 아기 같아졌어요. 글쎄, 어젠 성민이에게 책 읽어주고 있는데, 내 옆에 바짝 붙어 앉아 그걸 듣고 있는 거예요. 어렸을 때에도 그런 적이 없었는데."

목소리가 조금 들떠있다. 미정이의 변화를 기뻐하는 것이 느껴졌다.

"어머님. 지난 번 만남을 통해 미정이에 대해 좀 더 잘 알게 되었답니다. 큰 도움이 되었어요. 어머님이 괜찮으시다면 다시 한번 뵙고 싶어요."

"……."

한참 동안 말이 없다. 잠자코 기다렸다. 부담을 주면 안 되기 때문이다. 그렇다고 포기해서도 안 된다. 다만 내가 진지하게 부탁하고 있으며 자신의 의견을 존중한다는 사실만 알려주면 된다.

미정이 엄마가 나지막하게, 천천히 입을 뗐다.

"지난번 선생님을 만난 뒤에 많은 생각을 했답니다. 인정하고 싶지는 않았지만… 미정이는 나의 약한 모습이었어요. 그런

약한 모습이 싫어서, 미정이를 통해 나의 그런 모습을 볼 때마다 그게 너무 싫어서 미정이를 야단쳤지요. 그리고 겁이 났답니다. 내가 얻은 것들이 미정이 때문에 망가질까봐서요. 미정이가 태어났을 때, 딸을 낳은 게 큰 죄인 듯 느껴졌어요. 미정이 때문에 남편의 사랑을, 시부모님의 인정을 못 받을까봐 무서웠어요."

죄인인 양 고개를 숙인다.

"제 잘못인 거 알아요. 노력하고 있어요. 노력할게요. 그런데… 지금은 선생님을 만나고 싶지 않아요. 만나면 내가 인정하고 싶지 않은 걸 또 보게 될까봐 겁나요. 죄송해요."

말을 마친 미정이 엄마의 눈이 젖어 있다.

놀라운 통찰력에 감동해서 나도 모르게 그녀의 손을 잡았다.

"용기가 대단하세요. 그렇게 자신의 약한 부분을 볼 수 있다니…, 그걸 이렇게 인정하시다니…. 제가 부담을 드렸군요. 죄송해요. 하지만… 정말 기뻐요. 마음이 아주 뿌듯하답니다. 미정이가 그래서 달라진 거였군요. 바로 어머님 덕분이었군요."

미정이 엄마는 눈물이 그렁그렁한 채 수줍은 미소를 남기고 상담실을 떠났다.

미정이 엄마의 뒷모습을 보며 뿌듯한 희망이 밀려옴을 느꼈다. 차가워 보인 겉모습 뒤에 숨어 있는 모성의 따뜻함을 발견한 것이다. 그러한 모성의 긍정적인 힘은 아이의 변화를 독려하고 이끌어내는 결정적인 역할을 한다.

부모의 도움을 받지 못하는 아이들은 변화가 참으로 어렵고 더디다는 것을 수많은 상담을 통해 실감하고 있다. 일주일에 한 번씩 만나는 치료사는 방향성을 제공해주고 아이 마음에 변화의 틀을 제공해주는 역할을 할 뿐이다. 이러한 틀을 잘 다듬고 보존해주는 것은 매일 같이 생활하고 함께 하는 부모의 몫이다. 따라서 아동 상담 과정에는 부모 상담이나 부모 교육이 꼭 병행되어야 하며 무엇보다 중요하다. 하지만 내가 보기에 부모들은 아이들보다 더 겁이 많고 변화를 두려워한다. 자신들은 변하지 않으면서 아이들보고만 달라지라고 한다. 말도 안 되는 이야기이다.

부모가 되기는 쉽다. 하지만 부모다워지는 것은 어렵다. 우리는 꽃꽂이를 배우기 위해 문화센터를 다니며 교양이나 지식을 터득하기 위해 학원을 다닌다. 모르는 것은 배워야 하는 것이 당연하다. 하지만 아이를 낳아 길러보기 이전에 출산이나 양육에 대한 공부를 하는 사람은 별로 없는 게 현실이다. 게다가 이론과 실제는 맞아떨어지지 않는 법. 이론적인 지식이 풍부한 사람들도 막상 아이를 낳아 길러보면 막힐 때가 많다. 아이에 대한 이해나 부모로서의 역할을 끊임없이 배우고 익혀야 하는 것이 부모 된 이들의 당연한 의무임에도 아이를 돌보고 기르는 일은 저절로 이루어지는 것으로 믿는 부모들이 아직도 많다.

나는 소중하니까!

미정이가 4학년으로 올라간 지도 벌써 두 달 가까이 지났다. 이른 더위가 찾아와 후덥지근한 날, 분홍색 치마를 입고 온 미정이는 신이 나 보였다.

"지난 토요일엔 걸 스카우트 모임이 있었는데요, 친구들이랑 재밌게 놀았어요."

묻지도 않은 이야기를 술술 털어놓는다.

"저랑 친한 친구는 다섯 명이에요. 내일은 친구 집에 모여서 놀기로 했어요."

"남자 친구도 있니?"

"아니요. 모두 여자 친구들이에요."

"담임 선생님은 여자니 남자니?"

"몰라요."

아직 어른들에 대해서는 긍정적인 관심이나 반응을 보이지 않는다.

친구들에 대한 이야기를 하던 미정이가 오랜만에 보드게임을 제안했다.

먼저 미정이가 카드를 집어 들었다. 거기에는 〈무엇을 잃어버려서 속상한 적이 있습니까?〉라고 적혀 있다.

"돈을 잃어버린 적이 있는데요. 엄마가 잃어버린 만큼 세뱃돈에서 뺏어요. 설날 세뱃돈 6만 원을 모았는데… 엄마가 세뱃돈을 관리하시거든요."

"그때 네 마음은 어땠니?"

"억울했어요. 잃어버린 것도 속상한데, 야단까지 맞고 돈도 줄고…."

"엄마한테 섭섭했겠구나."

"그럼요. 얼마나 그랬는데요. 아휴."
한숨까지 살짝 내쉰다.

다음 질문.
〈길을 잃고 헤맨 경험이 있습니까? 그 때 무슨 생각을 했나요?〉
"그런 적 있었어요. 길을 잃었었어요."
"어머, 정말? 언제? 어떻게 되었는데?"
"2학년 때였어요. 할머니 할아버지랑 엄마랑 성민이랑 다 같이 놀이동산에 놀러갔었거든요. 사람들이 엄청 많았어요. 엄마가 맛있는 것도 많이 준비하고, 놀이기구 타는데 가서 줄을 서서 기다렸어요."
"재미있었겠네."
"그런데요…."
"?"
"엄마가 기다리려면 한참 걸릴 거 같다고, 미리 점심 먹을 자리 준비하고 금방 온다고, 그동안 성민이 데리고 줄 서 있으라고 해서, 그래서 성민이 손잡고 서 있었거든요."

"많이 기다렸니?"

"줄 서 있는 사람들이 정말 많아서 한참 서 있느라 지겨웠어요. 그래도 재미있는 놀이기구를 탈 생각에 꾹 참았죠. 근데…."

"성민이가 오줌 마렵다고 하는 거예요. 조금만 참으라고 했는데, 못 참겠다고 나중엔 막 울려고 했어요. 그래서 할 수 없이 화장실을 찾아갔어요. 사람들한테 물어서 찾아갔는데. 어휴, 화장실에도 사람들이 얼마나 많은지, 거기도 줄을 서서 기다려야 했어요. 성민이가 소변 보고 나올 때까지 밖에서 기다렸다가 다시 놀이기구 타는 데로 갔는데, 어디가 어딘지 모르겠어요. 바로 그 옆이었던 거 같았는데 아무리 찾아도 그 자리가 아닌 거예요."

"놀라고 당황했겠다."

"네. 너무 무서웠어요. 성민이는 엄마를 부르면서 막 울고… 저도 눈물이 났어요. 하지만 동생 앞에서 엉엉 울 수도 없고. 무섭지만 꾹 참고 걱정 말라고, 엄마를 찾게 될 거라고 성민이를 달랬어요."

"미정이가 참 대견하구나. 사람 많은 놀이동산에서 길을 잃어버렸으니 정말 무서웠을 텐데 침착하게 동생을 잘 돌봤구나. 나 같으면 어휴… 그 자리에서 펑펑 울었을 거야."

내 말에 미정이가 빙긋이 웃는다. 슬픈 듯하면서도 자신감이 배어나오는 미소다.

"그래서 어떻게 됐니?"

"처음엔 겁이 나서 사람들한테 물어보지도 못하고 줄 서 있던 곳만 찾아다녔거든요. 성민이 손을 꼭 붙잡고 한참을 걸어가다가… 여긴가 하면 아닌 거예요. 아휴, 그 때 생각하면…."

미정이는 손으로 가슴을 쓸어내리며 몸서리를 쳤다. 여전히 그 때의 기억이 충격으로 남아있는 거겠지.

"성민이가 울고 있으니까 어떤 아저씨가 왜 우냐고 물어보셨어요. 전 그 아저씨가 무서워서 아무 말 못하고 있는데 성민이가 엄마 찾아달라고 막 더 크게 우는 거예요."

"저런… 그래서?"

"그 때 엄마가 달려오셨어요. 할머니도 같이요."

"아유. 정말 다행이었다. 금방 찾게 되었으니…."

"그랬죠. 나중에 보니까 우리가 같은 자리만 맴돌고 있었대요. 가까운 데 있었는데 사람들이 많아서 못 찾았던 거래요."

"길을 잃었다가 엄마를 다시 만나니까 어땠니?"

"기뻤어요. 이젠 살았구나! 그랬어요."

그렇게 말하는 미정이의 얼굴엔 웃음기가 없다.

"말하는 표정을 보니 기쁘지만은 않았던 모양이네. 왜, 언짢은 일이라도 있었니?"

"엄마를 보는 순간엔 참 기뻤는데. 나중엔 슬펐어요."

"왜 슬퍼졌지?"

"할머니가 성민이를 덥석 안고 막 우셨어요. '우리 강아지 찾았구나' 하시면서요. 엄마도 성민이 손이랑 머리를 쓰다듬어 주면서 좋아하셨는데…."

미정이 눈동자가 어둡게 가라앉는 게 보였다. 아이의 눈에서 지독한 외로움이 묻어나온다.

"그런데, 나는 야단맞았어요. 그 자리에 가만히 있으랬는데 어딜 갔었냐구, 왜 말 안 듣고 맘대로 돌아다녔냐구…. 성민이가 오줌 마려워서 화장실 갔다고 했는데도 할머니는 나를 흘

겨보시면서 '너 때문에 하마터면 우리 장손 잃어버릴 뻔 했다. 바보 같으니…' 그랬어요."

"그랬구나… 그래서 슬펐던 거구나. 엄마는 뭐라고 하셨니?"

"아무 말 안 했어요. 성민이만 안아주고 나는 모른 척 했어요."

"네가 잘못 한 게 없는데 야단맞고, 잃어버린 줄 알았던 딸을 찾았으니 엄마가 반갑게 안아주고 위로해주길 바랐을 텐데. 미정이 마음이 참 아팠겠구나."

"괜찮아요. 전 늘 그런 걸요 뭐. 엄마는 한번도 내 손을 잡아준 적이 없어요. 시장 갈 때 내가 엄마 손을 잡은 적이 있는데요. 엄마가 '귀찮다' 그러면서 내 손을 뿌리쳤어요. 그래서 그 뒤론 한 번도 엄마 손을 못 잡았어요."

말 할 수 없는 슬픔이 내 가슴을 흔들었다. 미정이, 이 아이는 얼마나 외롭게 살아온 걸까? 그런데 이 외로운 아이가 날 보며 빙그레 웃는다.

"그래도 다시 엄마를 찾았잖아요. 집으로 돌아갈 수 있어서 좋았어요. 영영 길을 잃어버렸다면… 지금 생각해도 무서워요."

"그래도 엄마 아빠가 있는 집이 좋다는 거니?"

"… 사실은 엄마가 미웠어요. 그리고 성민이도 미웠어요. 성민이만 없으면… 그럼 나도 그렇게 야단맞지 않았겠죠. 길을 잃지도 않았을 거잖아요. 다 성민이 때문이잖아요. 그래서 성민이가 없는 곳으로 가고 싶었어요. 맞아요! 나는 성민이가 싫고, 성민이가 남자라서 정말 더 싫었어요."

화가 나서 옆에 동생이 있다면 한 대 쥐어박기라도 할 것 같이 씩씩댄다.

그런 모습을 보니 나도 모르게 입가에 미소가 맴돌았다.

"선생님. 왜 웃어요?"

"어, 그냥 좋아서."

"뭐가 좋아요? 내가 길 잃어버린 이야기하는데…."

뽀로통한 모습이다.

"아! 미안 미안. 그건 정말 마음 아픈 이야기인데, 그 이야기 때문에 좋아서 웃은 건 물론 아니고… 미정이가 이야기하는 모습 보니까 좋아서 그래. 우리가 처음 만났을 때 생각나니? 그때 넌 '까먹었어요'라는 말 많이 했잖아. 자기에 대한 이야기가 나오면 말야. 그런데 지금은 네 마음, 있었던 일들을 술술 말하는 것 보니까 미정이가 부쩍 큰 느낌이 들어서 그게 좋았단다."
미정이도 생글생글 웃는다.

다음 카드, 〈다른 사람한테 맞은 적이 있나요?〉
"네. 많아요."
"어떤 게 제일 많이 생각나니?"
"아빠한테 골프채로 맞은 거…."
"저런, 무서웠겠구나. 무슨 일이 있었는데?"
"그건 몰라요. 그냥 생각나는 건… 아빠가 막 화를 내면서 뭘 물었어요. 근데 난 너무 무서워서 아무 생각도 할 수 없었어요. 내가 돌 같다고 생각했어요. 그냥 꼼짝도 할 수 없는 거예요."
"그랬구나. 너무 겁나면 그렇게 굳어버리기도 해."
"아빠는 막 소리쳤어요. 바보 같다고도 하고, 답답하다고도 했는데 난 아빠가 뭘 바라는지 모르기 때문에 그냥 그대로 있을 수밖에 없었어요. 아빠가 달려가 골프채를 갖고 와서 날 때렸어요."

미정이의 눈가에 눈물이 맺힌다. 얼마나 아프고 무서웠을까!

"정말 무서웠겠구나."

어떤 말로 이 아이를 위로해줄 수 있을까.

"그래도 엄마가 말렸어요. 엄마가 아빠에게 그만하라고 소리쳤어요."

"엄마가 널 지켜줬구나."

"네. 근데요. 엄마가 또 날 막 야단쳤어요. 왜 그렇게 아무 말도 못하냐구요. 아빠한테는 '그렇게 물어보면 애가 겁나서 어떻게 말을 하냐' 하고선 나에겐 왜 말을 못하냐고 야단이었어요. 이상했어요. 엄마가 내 맘을 아는 것도 같고 모르는 것도 같았어요."

"그래, 헷갈렸겠다. 엄마가 아빠를 말려줬을 때 고맙고 든든했다가, 다시 엄마에게 야단맞을 때에는 당황스러웠겠어."

"엄마가 너에게 어떻게 해주길 원했니?"

"그냥 안아주는 거… 아무 말 안하고…."

"엄마가 그렇게 해주지 않아 섭섭했겠구나."

"엄마가 죽을 거라 했어요."

중얼거리듯 속삭였다.

"엄마가 뭐라 했다고?"

"죽을 거라 했어요. 집을 나가겠다고도 했구요."

"무서워겠구나."

"네. 난 엄마가 설거지를 하다가 그릇을 쾅하고 놓기만 해도 겁이 나요."

"왜?"

"화가 난 것 같아서요. 집을 나갈까 봐요. 죽으면 안 되니까요."

"미정이는 엄마를 참 많이 사랑하는구나."

"난 엄마가 그런 얘기 안했으면 좋겠어요. 그래서 난 엄마가 화나지 않게 하려고 노력해요."

"어떤 방법으로?"

"시끄럽게 안하려고 해요. 내가 참으면 되잖아요."

"그게 미정이가 엄마를 위하는 방법이니?"

"네."

포옥! 한숨을 내쉬며 말을 잇는다.

"그런데, 그 방법도 별로 효과가 없는 것 같아요."

"왜 그렇게 생각하지?"

허탈하게 웃는다.

"말 안 하면 말 안 한다고 뭐라 하고, 참으면 참는다고 뭐라 하고… 도대체 내가 어떻게 해야 엄마가 좋아하는지 모르겠어요."

"미정인 이제까지 네 마음을 표현하기보다는 엄마 마음을 더 신경 쓰고 살았구나."

"그런 것 같아요."

"그런데 그게 별로 효과가 없었다니… 이젠 어쩔 거야?"

"이젠 내 생각도 하려구요."

"네 생각?"

"네. 내 잘못이 아닌데도 야단맞을 때가 많아요. 그럴 땐 말 하려고 해요."

"와! 대단하다. 미정이가 아주 중요한 걸 알아냈구나. 세상에서 가장 중요하고 제일 소중한 건 바로 자기 자신이지. 그런 자신을 돌보는 건 또 가장 중요한 일이고 말이야."

미정이가 머리를 뒤로 젖히며 "나는 소중하니까!"라고 말한다. 텔레비전 샴푸광고에 나오는 장면이다. 나도 웃으며 따라 했다.

"그럼, 나는 소중하니까."

그렇다. 아무리 생각해도 세상에서 제일 소중한 건 자기 자신이다. 자신의 몸, 자신의 감정, 생각만큼 소중한 건 없다. 자신을 소중히 여기는 사람은 심신을 훼손하는 일 따위는 하지 않는다. 자신을 소중히 여기는 사람은 그만큼 타인도 소중하게 생각한다. 그런 점에서 자신을 소중하게 여기는 태도와 이기주의는 엄연히 다른 것이다.

미정이는 다음 질문카드를 뒤집었다.
"백 년 동안 살게 된다면 어떨 것 같나요?"
"불행할 것 같아요."
"왜 그렇게 생각하지?"
"어려서는 아무 것도 안 하면서 편하고 좋지만… 커서 돈도 못 벌고… 그래서 집도 없어서 불행해지면 어떡해요?"

"그럼 몇 살일 때가 제일 행복할 것 같니?"

"유치원 다닐 때가 제일 좋았어요. 그 때는 공부를 안 해도 됐거든요. 어른이 되고 싶지 않아요. 성민이를 보면 부러워요. 성민이는 공부 못한다고 야단도 안 맞아요. 걔는 자기 마음대로 해요. 아, 그래도 성민이, 어제 야단맞았어요."

"무슨 일이 있었는데?"

"내 새 교과서에 자기 이름을 써놨어요. 그래서 엄마한테 진짜 혼났어요. 엄마가 성민이보고 누나한테 사과하라고 했어요."

"와! 그 말 하면서 절로 웃음이 나오는 걸 보니 통쾌했었나보다."

"네. 성민이가 꾸물거리면서 미안하다고 했어요. 고소했어요."

"엄마가 네 편을 들어준 것도 좋았나보다."

"그럼요."

다음 카드 질문은 〈엄마가 외출하셨는데 밤이 늦도록 돌아오지 않는다면 어떨 것 같습니까?〉였다.

"처음엔 기분이 좋기도 한데요. 엄마가 교통사고 당하는 상상을 한 적도 있어요."

"기분이 좋았던 건?"

"잔소리를 안 듣잖아요."

"엄마가 교통사고 당하는 상상을 할 땐 기분이 어땠니?"

"겁났어요."

"엄마가 죽을까봐, 아니면 그런 상상을 한 것을 알면 엄마가 화낼까봐?"

"둘 다요. 하지만 엄마가 죽을까봐 무서웠어요. 엄마가 보고 싶었어요."

"그래. 아까 미정이가 엄마 이야기할 때 보니까 엄마를 참 많이 사랑하고, 사랑을 받고 싶어하더라. 사실 모든 아이들이 다 그렇지. 하지만 아무리 좋은 엄마도 귀찮고 싫을 때도 있지. 그렇다고 엄마가 진짜로 없었으면 하는 건 아니구."

"네. 난 아직 애잖아요."

미정이도 느끼고 있는 것이다. 엄마에 대한 자신의 진짜 마음이 무엇인지를 전체적으로, 통째로 발견하고 있는 것이다.

상담실 문을 나서려던 미정이가 문득 돌아보며 말한다.

"선생님은 이상한 사람이에요."

"내가 이상하다고?"

"네. 나쁜 말 아니에요."

나는 대답은 속으로 삼키고, 대신 웃어 주었다.

'그래. 나쁜 뜻으로 한 게 아니라는 걸 나도 알아. 다른 사람과 다르다는 뜻이겠지. 그 말이 나도 좋구나.'

가슴 가득 뿌듯한 행복감이 차오른다.

상처

상담을 마치고 나오니 미정이 엄마가 잠시만 시간을 내달라고 청했다.

"우리 애가 얼마 전부터 참 명랑해졌어요. 잘 웃지 않던 애가 웃기도 잘하고, 친구들하고도 잘 노는 것 같아요. 함께 다니는 친구들이 많아졌더라구요. 담임 선생님 말씀이 수업 시간에 발표도 열심히 하고 적극적이랍니다. 수다스러울 정도래요. 제가 보기에도 당당해졌어요. 물론 말대답도 하고 가끔 짜증을 내기도 하지만 금방 풀어지구요. 성적도 올랐어요."

"그렇군요. 제가 보기에도 미정이는 놀랄 만큼 달라졌습니다. 참 예쁜 아이에요. 어머님이 애쓰신 결과죠."

"아니에요. 미안해 죽겠는데요, 뭐."

"동생하고는 어떤가요?"

"시끄러워졌어요. 전에는 동생이 뭐라고 하면 아무 소리 못하더니, 지금은 소리도 지르고 화도 내요. 그러려니 해요. 자기도 맺힌 게 있는데 오죽하겠어요. 작은 사건엔 안 끼어들어요. 가만히 보니 성민이 요 녀석이 누나에게 함부로 하는 면도 많더라구요. 그동안 엄마 아빠 백 믿고 까분 거죠, 뭐."

엄마가 말하는 모습을 보니 미정이만 변한 게 아니라는 생각이 들었다. 미정이가 변한 만큼 엄마도 달라진 것이다.

"참, 어머님. 한 가지 여쭤볼 게 있는데…."

"뭔데요?"

"전에 미정이가 아빠에게 심하게 맞은 적이 있나요? 골프채로…."

갑자기 얼굴이 굳어진다.

"미정이가 그걸 말해요? 기억해요?"

표정을 보니 할 말이 많은 것 같다. 일단 궁금증을 접고, 다음날 아침으로 약속을 잡았다.

"그날은 어머님 예순 생신 잔칫날이었어요. 날이 날이니만큼 시댁 식구들이 모두 한자리에 모였죠. 저희 친정 부모님도 오셨는데… 시댁이 좀 있는 집이다보니 친정 식구들이 너무 초라하게 보이더라구요. 전에도 느끼긴 했지만 그날따라 어머님께서 친정을 좀 무시한다는 기분이 들었어요. 제 앞에서 조카딸들을 어찌나 칭찬하시던지… 저에게는 그렇게 다정하게 하신 적이 없었거든요. 게다가 남편까지 덩달아 칭찬을 하니 너무 밉더라구요."

"마음이 많이 상하셨겠군요. 소외감도 느끼셨을 것 같고…."

"네. 아무튼 잔치 끝나고 집으로 오는데, 차 안에서도 남편이 자기 친척들에 대한 자랑을 늘어놓는 거예요. 기분도 별로 안 좋은데 계속 그러니 좀 다퉜지요. 집에 와서도 큰소리가 오가고, 그 때 미정이가 여섯 살이었는데, 그 때까지 남편에게 큰소리 낸 적이 별로 없었거든요."

감정이 되살아나는 듯 잠시 말을 멈추고 큰 숨을 내쉰다.

"남편이 화가 나서 안방 문을 차고 나갔는데, 하필 미정이가 안방 문 앞에서 그림을 그리고 있었나 봐요. 아이가 갑자기 방문 열리는 소리에 놀랐는지, 들고 있던 크레파스를 엎은 거예요. 남편이 그걸 보고 소리를 꽥 질렀어요. 크레파스 주우라고요. 그런데 미정이가 꼼짝도 안하고 있더래요. 가뜩이나 화가 났는데 아이가 꼼짝도 안 하니 남편은 자기에게 반항한다고 생각했나 봐요. 평소에도 별로 맘에 안 들어 했으니까요. 남편이 마구 소리를 지르기 시작했지요. 그 때 성민이는 세 살밖에 안 되었는데, 자기가 가서 떨어진 크레파스를 줍더라구요. 남편은 그걸 보고 또 소리소리 질렀죠. 동생보다도 못한 게 바보지 뭐냐며, 아이에게 다가가 '빨리 주워'라고 소리를 질러댔어요. 저하고 다투면서 화난 걸 애한테 푸는 게 보이더라구요. 그래서 저도 안방에서 소리를 꽥 질렀어요. 왜 애한테 화를 내냐고, 잘 해주지도 않으면서 왜 만날 야단만 치냐고요. 그러자 남편이 저에게 그러더군요. 니가 잘못 키워서 그런 거라고, 아빠가 말하는 데도 가만히 있고 시키는 대로 하지 않으니 저런 건 버릇을 고쳐놔야 된다고, 안 그러면 사람 구실을 못할 거라고…. 그러면서 미정이한테 몇 차례 더 크레파스를 주우라고 했는데, 그래도 꼼짝을 안 하는 거예요."

미정 엄마의 커다란 눈에서 갑자기 눈물이 툭 떨어졌다.

"그러더니 화가 머리 끝까지 나서는 옆에 있던 골프 가방에서 골프채를 꺼내는 거예요. 그리고 미정이를 마구 때렸어요. 그 어린 것을…."

손으로 얼굴을 가린 채 흐느끼기 시작했다. 복받치는 감정을 애써 누르며 말을 이었다.

"미정이는 맞으면서 울지도 못하더라구요. 눈에선 눈물이 흐르는데 찍 소리도 못 내는 거예요. 완전히 돌처럼 굳어져서는…. 그래서 달려 나가 남편을 밀쳐내고 아이를 안았어요. 안 아주니까…그제서야 참았던 울음을 터트리더라구요. 그런데 말이에요. 울음소리를 듣는 순간 미치겠는 거예요. 엄마라는 사람이…."

연신 눈물을 훔쳐낸다.

"애한테 소리를 꽥 질렀지 뭐예요. '울지 마. 울지 말란 말야. 도대체 뭘 잘했다구 울어!' 하고 말이에요. 미정이가 놀라서 울음을 그치더라구요. 여전히 눈에서는 눈물이 흐르는데 다시 돌처럼 굳어지는 거예요."

눈물이 볼을 타고 하염없이 흐른다.

"그런데도 전 미정이 어깨를 붙잡고 마구 흔들었어요. '이 바보야! 도대체 왜 이러니? 너 때문에 엄마가 이게 뭐야. 너만 똑똑하고 잘하면 엄마도 아빠한테 이런 말 안 듣고 살잖아. 너 때문에 엄마 못살겠다. 이 바보야!' 하면서… 미친 듯이 아이를 붙잡고 흔든 거예요. 미정이가 잔뜩 풀이 죽은 소리로 말하더군요. '엄마 죽지 마!' 그 말을 듣는데 왜 그리 화가 나고 서럽던지, 울면서 '아냐, 엄만 죽을 거야. 너, 엄마 죽으면 아빠랑 살어' 말도 안 되는 소리를 했어요. 아이는 겁에 질려서 날 잡고, 난 아이를 뿌리치고 흔들고 때리고…."

미정이 엄마는 힘없이 허공을 응시하며 말을 이어갔다.

"그러다가 정신을 차려보니 미정이가 가만히 앉아 있더라구요. 눈물도 흘리지 않구요."

내가 물었다.

"그 후, 남편과는 화해를 했나요?"

"남편은 그 날 들어오지 않았어요. 밤새 난 불안했어요. 혹시 이 일 때문에 이혼하자고 하면 어떡하나, 날 싫어하면 어떡하나. 한편으로는 이런 일 모두가 미정이 때문이라고 생각했어요. 하지만 '성민이가 있으니까 괜찮을 거야' 하고 위로했지요. 미정이는 내게 짐이었고, 오직 성민이만이 희망이었거든요. 나 스스로에게 자신이 없었던 거죠."

"그랬군요."

"남편은 다음 날 오후 아무렇지도 않은 표정으로 들어왔어요. 우린 이 일에 대해 지금까지 아무도 말하지 않아요. 우린 항상 이성적으로 살아왔고, 남들이 부러워하는 가정을 꾸려 왔어요. 우리 집에서 그런 유치한 일이 있었던 것을 인정할 수가 없었어요. 그렇게 이성을 잃고 아이를 때렸다는 사실 자체를 잊고 싶었던 거예요."

길게 한숨을 내쉰다.

"하지만… 우린 좋은 부모가 아니에요. 미정이에겐 '네가 나쁘니까'라고 말했지만 나쁜 건 우리였던 거예요. 우리가 나쁘다고 할 수 없으니까 그걸 모두 미정이에게 덮어 씌웠던 거예요. 우린 비겁하고 나쁜 부모예요. 자식을 희생양으로 삼았어요."

미정이 엄마는 또 다시 두 손으로 얼굴을 감싸고 흐느낀다. 손가락 사이로 눈물이 타고 흘렀다.

"계속 미정이를 나쁘다고 하고, 야단치고 못마땅해 하면서 우리 잘못을 감추려고 했어요. 어떡하죠? 선생님? 미정이가 잊은 줄 알았어요. 한 번도 그 이야길 한 적이 없었거든요. 그래서 쟤는 아둔하니까 기억 못할 거라고, 그렇게 믿었어요. 아니 믿고 싶었어요."

애타는 눈으로 나를 쳐다보는 그녀에게 담담하게 말했다.

"미정이는 엄마를 용서하고 있어요."

"정말요?"

눈빛이 애절하다.

"네. 분명해요. 미정이는 엄마를 용서하고 이해하고 있어요."

"전… 어떡해요. 전 정말 나쁜 엄마예요."

"아니에요. 나쁜 엄마가 아니에요. 다만 서툰 엄마예요. 그리고 아픈 엄마예요. 엄마 자신이 아파서 자식의 상처를 미처 보지 못했을 뿐이에요. 사랑하고 안쓰러워하면서도 표현하고 달래주는 방법을 몰랐던 거예요. 하지만 이제 달라지고 있어요. 중요한 건 그거예요."

"너무 늦은 건 아니겠죠?"

안타까움과 죄책감으로 범벅이 된 그녀의 눈빛이 절절하다.

"아뇨. 전혀요. 미정이는 지금 변화하고 있어요. 아시죠?"

"네, 알아요. 변했어요."

"어른만 아이를 염려하는 건 아니랍니다. 미정이는 자신 때문에 엄마가 슬프고 힘들까봐 스스로를 감추고 엄마를 위해 노력했어요. 그만큼 엄마의 사랑도 절실히 받고 싶어했겠죠. 그런 마음, 누구보다 잘 아실 거예요. 미정이는 엄마 아빠를 사랑합니다. 그리고 기다리고 있어요. 두 분의 애정 어린 손길을요. 정말 강하고 멋진 아이에요. 어머님도, 미정이도, 잘 해낼 거라 믿습니다."

"정말 제가 잘 해낼 수 있을까요? 이렇게 형편없는 엄만데⋯ 우리 미정이가 절 믿어줄까요?"

"그럼요. 누구 따님인데요. 미정이와 어머님 자신을 믿어보세요."

"고맙습니다. 선생님. 노력할게요. 잘 해볼게요."

미정이 엄마는 들어올 때보다 한결 밝은 얼굴로 되돌아갔다. 뒷모습이 큰 짐을 내려놓은 사람처럼 홀가분해 보였다.

우리는 몸이 잘리고, 피가 나고 눈에 보이는 상처가 생겨야 아픈 줄 안다. 하지만 눈에 보이는 상처보다 눈에 보이지 않는 마음의 상처가 훨씬 더 큰 후유증을 남긴다. 눈에 보이는 상처는 약을 바르고 반창고를 붙여 덧나지 않게 할 수도 있지만 눈에 보이지 않는 상처는 적절히 치료 받을 시기를 놓치면 곪아가고 번져간다. 때론 한 대 맞는 것보다 "쯧쯧"하며 한심하게 보는 눈빛이, 때론 손 들고 벌 서는 것보다 차갑게 무시당하는 것이 더 아플 수 있다.

미정이도 그랬다. 분명 개구쟁이 녀석들보다는 덜 맞고 자랐겠지만 따뜻한 관심과 사랑을 받지 못하고 무시당한 경험들, 엄마 아빠의 골칫거리이자 수치스런 존재로 지내왔던 경험들이 자신감을 잃고 주눅 들게 만들었다. 하지만 이제 미정이는 든든한 구원군을 얻었다. 아이를 이해하고 사랑할 준비가 된 엄마, 그것만큼 더 큰 지원군은 없을 것이다. 더욱이 그 지원군은 미정이 스스로의 힘으로 얻어낸 것이다. 자신이 먼저 용서하고 화해를 청하고 변화했기 때문에 엄마도 변화한 것이다. 미정이가 너무나도 자랑스러웠다.

엄마라는 이름으로

　　　　　　　　　　　　미정이 엄마의 이야기를 듣고 나니 마치 오랫동안 찾아 헤매던 마지막 퍼즐 한 조각을 발견한 것 같다.

　엄마 본인이 친정 엄마로부터 충분한 사랑을 받지 못했던, 남동생에 밀려 무시 당했던 경험이 어린 딸에게 고스란히 전해져온 것이다. 부모로부터 받아야 할 최소한의 사랑조차 경험하지 못한 사람, 무시와 편애의 희생양이 된 사람은 강한 열등감을 지니게 된다. 미정이 엄마는 그나마 아버지의 사랑을 방패 삼아 성장했고, 공부와 외모를 통해 열등감을 감추고 살아왔던 것으로 보인다. 미정이 엄마가 왜 그렇게 몸매와 외모 가꾸기에 열중하는지도 이제 이해가 된다. 열등감이 많은 사람은 내면이 불안하다. 그래서 불안한 내면을 감추기 위해 외적인 것을 가꾸는 데 치중하게 된다. 외적인 것을 통해 자신을 드러내려 하는 것이다. 바꿔 말하면 몸매 가꾸기, 비싼 장신구나 옷으로 치장하는 데 유난히 집착하는 사람들은 어떻게 보면 자신을 진정으로 사랑하지 못하는 사람일지도 모른다.

미정이 엄마처럼 열등감을 가진 사람은 남편의 구애로 결혼하더라도 남편이 자신을 진정 사랑한다는 확신을 가질 수 없다. 때문에 처녀 같은 외모로 치장하고, 남편과 시댁에 필요 이상으로 굽히며 살게 되는 것이다. 미정이가 한 말이 생각난다. 엄마가 아빠를 시중든다고…. 부부 관계는 결코 수직적인 관계가 아님에도 불구하고 미정이 엄마는 지나치게 눈치를 보며 살아왔을 것이다. 누군가에게 인정 받고 사랑 받기 위해서는 그 누군가의 마음에 들도록 행동해야 한다는 강박 관념에 사로잡혀 있었던 건 아닐까?

미정이 아빠에 대한 정보는 아쉽게도 별로 없다. 미정이 모녀의 이야기를 토대로 미루어 짐작해보면 그다지 원만하거나 자애로운 성격으로 보이지는 않으나 그렇다고 해서 병적인 성격 장애도 아닌 듯하다. 이 땅의 평범하고 조금은 보수적인 성향의 남자들 중 하나일지도 모른다. 하지만 오랜 시간 아내의 수발을 받으면서 점점 더 제왕이 되어왔던 것은 아닐까.

미정이 엄마 자신이 말했던 것처럼 아들을 낳아야 한다는 부담이 임신 당시부터 꽤 크게 자리 잡았을 것이다. 결혼하면서 시부모와 남편에게 인정받는 것이 삶의 목표가 되어버린 그녀에게는 상당한 부담이었을 것이다. 만일 미정이가 아들이었다면 지금과는 많이 달랐을지도 모르지만 안타깝게도 미정이는 태어나는 순간부터 엄마를 실망시킨 존재가 되어 버렸다.

미정이 엄마는 딸을 낳음으로 인해 위기의식을 느낄 수밖에 없었고, 열등감을 극복해 줄 방패막이 혹시라도 날아가 버리면 어떡하나 노심초사했을 것 같다. 이런 위기의식과 원망이 미정이에게 고스란히 전달되었으리라 추측이 된다. 내 인생을 위태

롭게 만든 존재, 태어나지 말았어야 할 것 같은 골칫덩어리, 그렇게 생각되는 딸아이를 어찌 살갑게 대할 수 있었을까?

　미정이는 그렇게 이유도 모른 채, 자신의 잘못이 아님에도 딸로 태어났다는 이유 하나만으로 천덕꾸러기가 되었던 것이다.

　그러다가 아들을 낳게 되자 미정 엄마의 관심은 오로지 한쪽으로 향했을 것이다. 자기 존재의 의미를 확인시켜 주는 아들에게 애정과 관심을 듬뿍 쏟아 붓는 동안 미정이는 점점 볼품없는 애물단지가 되어버렸을 것이고.

　미정 엄마는 딸과 자신의 관계를 부정함으로써 스스로를 지켜내려 애써왔다. 남편과 시댁이라는 더 우월한 편에 속하기 위해 부족해 보이는 딸을 '도대체 쟤는 누굴 닮은 거지?'라는 말로 밀어내버린 것이다.

　나는 그녀가 딸을 사랑하지 않았다고는 믿지 않는다. 다만 자신의 열등한 부분을 자꾸 보게 하는 미정이란 존재를 인정하고 싶지 않았을 뿐이다. 미정이에게서 자신의 모습을 보면 볼수록 밀어내고 제쳐내고, 도망치고 싶었던 것이다.

그녀 자신이 잘못된 양육의 희생양이었음을 알지 못했기에 어떡하든 탈출구를 찾고자 몸부림 쳤던 것뿐이다. 그러느라 어린 딸이 얼마나 상처받고 외로운지 미처 알아채지 못했고, 미정이 역시 어린 날의 자기 자신처럼 아파한다는 것을 알지 못한 것이다. 이렇게 모성의 결핍은 또 다른 모성의 결핍으로 이어진다. 대물림하는 악순환인 셈이다.

하지만 이제 미정이 엄마는 자신의 모습을 들여다 볼 수 있게 되었다. 감추고 싶었던 부끄러움도 드러낸다. 미정이를 상담실까지 데리고 온 것도 그녀 자신이다. 남편의 반대를 무릅쓰고 말이다. 어쩌면 미정이를 통해서 스스로가 변하고 싶었던 것은 아닐까? 자기 주장도 못한다고, 바보 같다고 딸에게 퍼붓던 불만들은 혹시 자기 자신에게 하고 싶었던 말이 아니었을까? 미정이가 변화하는 모습을 보며 자신도 용기를 내고 싶었을 수도 있다.

첫날 "부담 주지 마세요"라고 단호하게 말하던 모습과 눈물을 흘리며 용서를 비는 지금의 그녀는 그야말로 딴판이다. 비로소 진정한 모성을 되찾은 것이다. 그렇다. 모성이든 부성이든, 자기 자신을 제대로 알고 인정할 수 있을 때 본래의 자리를 찾게 되는 것이다.

다시 가는 시계

　　　　　　　　　미정이를 만난 지도 벌써 10개월이 되어간다. 물어도 대답 안하고 묵묵히 있거나 "모르겠어요"라며 고개를 떨구던 아이가 이제는 재잘재잘 말도 잘한다. 겉모습도 참 예뻐졌다. 탄력 없이 푸석하던 피부에는 윤기가 돌고, 초점 없이 멍하던 눈은 초롱초롱해졌다. 늘 표정 없던 얼굴에는 자주 웃음이 피어나고, 보조개가 파일 정도로 크게 웃을 때도 많다. 원래부터 보조개가 있었을 텐데 기껏해야 히죽 혹은 피식 웃는 게 전부여서 발견하지 못했던 것이다.

　마음이 밝아지니 외모에서도 빛이 나는 것이다. 자신의 마음

을 발견하게 되면서 내재되어 있던 잠재력이 빛을 발하기 시작한 것이 틀림없다. 부모님과 친구들에게 사랑 받고 싶은 마음이 있음을 깨닫고, 그 마음을 표현하게 된 것이다. 더 이상 우울하고 슬픈 감정에 휩싸이지 않게 되었고, 무섭고 두렵기만 하던 세상이, 사람들이 다르게 보이기 시작한 것이다.

"어머, 여기 돌이 있네."
얼마 전 광물 박람회에 가서 사온 돌들을 가리키며 묻는다.
"선생님. 있잖아요. 자기가 돌인 줄 알았는데 어떤 아저씨가 캐어서 보석으로 만들어 준다면 어떨까요?"
"너라면 어떻겠니?"
"엄청난 행운이죠. 평생을 그냥 돌로 살 수도 있었는데 보석이 됐잖아요. 그 아저씨에게 평생 고마워 해야죠."
"그래. 감춰진 좋은 면을 발견하게 해줬으니 참 고맙지. 그런데 내 생각엔… 보석은 원래부터 보석인거야. 보석인 줄 몰랐으니 돌이라고 생각했던 거지."
"그럴 수도 있겠어요. 그럼, 선생님. 옛날에 시계가 있었는데요. 그 시계가 움직이는 게 너무 귀찮아서 멈췄어요. 그런데 다시 재활용되어 움직인다면 그 시계의 기분이 어떻겠어요?"

미정이를 물끄러미 쳐다본다. 찬란히 빛나는 보석을, 재깍재깍 바지런을 떨며 움직이는 멋진 시계를 본다.

"지금 내 앞에 그 시계가 있구나!"

"네? 어디요?"

"여기….'

웃으면서 미정이를 가리켰다.

"저요?"

"미정아, 우리 처음 만났을 때 기억하니? 그 때 넌 자기 생각이나 마음을 보여주는 걸 힘들어했었지. 마치 움직이는 게 귀찮아서 멈춘 시계 같았어."

"……."

"그런데 지금은 이렇게 당차게 내 앞에서 움직이는구나."

미정이는 수줍은 듯 미소만 짓는다.

나는 향기로운 꽃나무랍니다

미정이는 나와 이야기하기를 즐겼다. 자신이 잘 하는 것, 좋아하는 것도 말하고, 못 하고 싫어하는 것도 말했다. 내 의견을 궁금해 하지만 그렇다고 내 의견에 전적으로 동조하는 것도 아니다. 우린 서로 좋아하지만 '나는 나, 너는 너'인 것이다. 그렇게 미정이는 자기 스스로를 찾아가고 있었다.

사람들은 언제 사랑 받고 있다고 느낄까?
'이런 생각을 한다는 걸 알면 혼나겠지? 이런 말을 하면 바보 같다고 흉보지나 않을까? 이런 행동을 하면 무시당하지는 않을까?'라는 불안감에 떨지 않고 누군가와 함께 할 수 있을 때, 사람은 자신이 사랑받고 있다고 느낀다.

생각을 솔직하게 말해도 싫은 소리를 듣지 않고, 하고 싶은 것을 하고 싶다고 말해도 이상한 사람이라 오해 받지 않고, 싫은 음식을 싫다고 말해도 상대방이 상처 받지 않을 때 느끼는 것이 안심감이다. 졸릴 때 '자고 싶다'고 말해도 혼나지 않고, 공부하기 싫다고 말해도 바보로 취급되지 않고, 무서울 때 무섭다고 말해도 무시 당하지 않고, 학교에 가는 것이 지겹다고 말해도 게으름뱅이라는 핀잔을 듣지 않을 때, 즉 자신을 있는 그대로 표현해도 이해 받을 수 있다는 생각이 들면 사람은 누구나 마음이 놓이고 친근함을 느낀다. 그럴 때의 느낌이 바로 사랑 받고 있다는 감정이기도 하다.

자신이 실제로 버릇없고 게으름뱅이고 바보일지라도 엄마는 아빠는 그리고 선생님은 자신을 사랑할 것이라고 느끼는 것, 이것이 바로 사랑 받고 있다고 느끼는 감정이며 믿음이다. 그런 믿음을 주는 사람에게서는 야단을 맞거나 매를 맞아도 자신을 좋아한다는 확신이 깨지지 않는다. 그래서 충분한 사랑을 받고 자라는 아이는 엄마에게 혼나고 아빠에게 회초리를 얻어맞아 눈물을 훔치면서도 곧장 웃으며 안길 수 있는 것이 아니겠는가. 그 안에서 자존감과 진정한 자아가 싹트고 자라나는 것이 아니겠는가.

한 여름의 무더위가 기승을 부리는 날이다. 미정이는 놀이치료실에 들어오며 기지개를 켠다.

"오늘은 뭘 하지? 이번에는 선생님이 정해요."

미정이와 헤어질 시간이 얼마 남지 않았다는 예감이 든다.

"그럼, 오늘은 그림을 그리자."

"내 마음대로요?"

"상상해서 그리기!"

"어떤 상상이요?"

"미정이를 상상여행으로 데리고 떠날 거야… 내가 짧은 이야기를 해줄 거거든. 그 이야기를 따라가기만 하면 된단다."

"좋아요. 재밌겠네요."

"편안하게 앉아. 누워도 되고⋯. 지금 네가 할 수 있는 가장 편한 자세를 취하면 돼. 편안하니? 그럼 이제 눈을 감아봐. 준비됐니?"

"네."

"자! 이제부터 여행을 떠나자! 내가 하는 이야기를 따라가다 보면 너만의 공간을 발견할 거야."

나지막한 목소리로 미정이와의 상상여행 길을 인도하기 시작했다.

"길을 걸어가고 있어. 언덕을 넘어 산꼭대기에 올라갔어. 내려다보니 산봉우리들이 있고 넓은 숲도 있고, 저 너머에 동굴이 보여. 훨훨 날아가서 동굴 입구에 닿았어. 동굴 안으로 들어가서 길을 따라가 보니, 수많은 문이 있고 거기엔 이름들이 적혀 있어. 네 이름이 적혀 있는 문도 있어. 너는 지금 그 문 앞에 있어. 너는 곧 그 문을 열고 그 곳으로 들어갈 것임을 알아. 그곳이 너의 공간이라는 것도 알고 있지. 거기는 네가 기억하는 장소일 수도 있고, 현재 알고 있는 곳일 수도 있고, 꿈꿔왔던 곳일 수도 있어. 어쩌면 싫어하는 곳, 혹은 네가 전혀 본 적이 없는 곳일 수도 있어. 그 곳은 밖일 수도, 안일 수도 있지. 그 문을 열 때까지는 알 수가 없어. 하지만 어쨌든 그 곳은 너의 공간이야. 이제 손잡이를 돌리고 안으로 들어섰어. 자, 너의 공간을 둘러보렴! 놀랐니? 한번 찬찬히 둘러봐. 아무 것도 보이지 않는다면 오른쪽 위를 보렴. 무엇이 보이니? 안이니? 바깥이니?"

"준비가 되면 눈을 떠도 돼. 그럼 이 방으로 돌아온 너 자신을 발견하게 될 거야. 눈을 뜨면, 종이와 연필, 혹은 크레용을 가지고 네가 본 그 장소를 그려보렴."

"……"

"눈 떴어요."

미정이가 조용히 그림을 그리기 시작한다. 망설임도 없이 단번에 그려낸다.

하얀 도화지 맨 위쪽에는 네 개의 산봉우리가 있는데 동글동글 원만하고 크기도 비슷하다. 오른쪽 끝에는 가늘지만 곧게 자란 나무가 서 있는데 반쪽만 보인다. 나뭇가지에는 노랑 분홍 파란색의 작은 꽃들이 피어있다. 나뭇잎은 그리지 않았다. 나머지 대부분의 공간을 가득 채운 것은 꽃이다. 노랑 분홍 파란색의 자잘한 꽃들이 하얀 도화지 전체에 퍼져 있는, 깔끔하고 예쁜 그림이다.

"네가 이 그림이라고 생각하고 설명해 주겠니?"

"나는 나무입니다. 사람들과 떨어져 있지만 기분이 좋습니다. 나는 꽃향기가 나는 나무니까요. 꽃향기가 퍼지면 친구들이 올 테니까요. 그러면 외롭지 않을 거예요."

"이 곳에 너 말고 다른 누구도 있니?"

"이 나무를 감싸고 있는 흙은 엄마입니다. 엄마는 이 나무를 감싸고 키웁니다. 이 흙 속엔 작은 지렁이가 한 마리 삽니다. 지렁이는 흙 속을 파헤쳐 다니기도 하고, 가끔 나무에 기어 올라와 간지럼을 태우기도 합니다. 그 지렁이는 성민이입니다."

"나무야. 지렁이에게 말을 걸어보렴."

"지렁이야. 넌 왜 날 귀찮게 하니? 그래도 가끔은 귀엽단다. 햇빛이 쨍쨍 날 땐 내 그늘에서 쉬어도 괜찮아."

"흙에게 하고 싶은 말이 있니?"

"흙아! 고마워."

"아빠도 이곳에 있니?"

"아뇨. 아직. 지금 이 곳 (첫 번째 봉우리를 가리키며)을 넘어서 오고 있어요. 빨리 오길 바래요."

도화지 가득 퍼지는 꽃향기에 내 가슴도 벅차올랐다.

더 넓은 세상을 향하여

　　　　　　　　　　　미정이와 만난 지 어느덧 일 년이 다 되었다. 인생을 살아가는 길에 일 년이란 그리 짧은 시간이 아니다. 아주 많은 일을 겪기도 하고 급격한 변화가 일어날 수 있는 시간이기도 하다. 하지만 몇 년 동안 간직해온 상처를 치유하기에 일 년이란 그다지 충분한 시간이 아닐지도 모른다. 더욱이 어린 시절의 일 년은 성인의 십 년에 비할 바가 아니다. 바꾸어 말하면 일 년을 아픈 아이는 성인이 십 년 동안 아픈 것과 같은 셈이다. 게다가 발달이란 마치 계단을 올라가는 것과 같아서 기초가 잘 이루어져야 다음 단계가 원만하게 진행된다. 한번 어긋나게 되면 발달은 꼬이게 마련이다.

정서적인 발달도 마찬가지다. 그 꼬인 가닥을 풀어 제자리에 올려놓는 일이 그저 몇 차례의 칭찬이나 즐거운 경험만으로 완성될 정도로 간단할 수는 없다. 한번 말린 실타래는 풀어놓았다 해도 한동안 계속 잡고 펴지 않으면 다시 또르르 말려 올라간다. 구겨진 상처가 반듯하게 펴질 때까지 주변에서 끈을 놓지 않는 인내가 필요하다. 치료자와 더불어 부모가 그러한 인내심을 발휘할 수 있을 때 치료는 성공으로 이어지며, 기간 또한 단축될 수 있다.

미정이는 부모가 처음부터 적극적으로 협조하지 않았음에도 일 년 만에 아주 대단한 변화를 이루어냈다. 이 아이의 엄마도 더불어 변화한 것 같다. 아이보다는 더 느리고 더 힘들 수도 있다. 그러나 분명 그들 모녀는 함께 나아가고 있다. 변화란 결코 혼자만의 몫이 아니기 때문에….

가로수는 짙은 초록에서 풍성한 가을빛 옷으로 갈아입는 중이다. 창문으로 선선한 바람이 불어오는 날 미정이 시선이 자꾸만 시계로 향한다.

"미정이가 오늘은 시계를 자주 보는 구나. 약속이라도 있니? 아니면 오늘은 빨리 가고 싶니?"

"이따가 친구 집에 가기로 했거든요. 아직 시간은 많이 남았어요."

"그렇구나. 친구랑 빨리 놀고 싶은가보네."

"네. 친구랑 노는 게 좋아요."

"그건 정말 기쁜 일이네."

"그래도 선생님하고 있는 것도 좋아요."

"그래. 나도 너와 있는 게 좋아. 하지만 네 나이엔 친구들과 어울리는 게 더 즐겁고 신나는 일이지. 여기에 있는 것 보다 더 좋은 친구가 생겼다는 건 정말 중요하고 기쁜 일이야. 축하한다. 미정아!"

미정이는 난처하다는 표정을 지었다.

"얼굴을 보니, 선생님에게 미안한가보다."

"이상한 기분이에요. 전에는 여기서 더 놀고 싶고 가기 싫었는데 지금은… 난 변덕쟁이인가 봐요."

"아주 자연스러운 거란다. 네가 컸다는 거지. 마음이 자란 거야. 이젠 헤어질 준비를 해야겠구나."

"선생님… 제가 얼마나 좋아하는지 아시죠?"

"그럼. 나도 네가 참 좋아. 하지만… 만나면 헤어지게 마련이란다. 아무리 좋아하는 사람이라도 헤어져야 할 때가 있는 법이거든. 넌 여기에 계속 머물기에는 너무 컸고, 호기심도 많지. 더 넓은 세상으로 가기 위한 헤어짐이니까 축하할 일이지."

내 손을 꼭 잡는 미정이의 얼굴엔 서운함보다는 홀가분함이 더 많아 보였다. 품에서 떠나보내는 자식처럼 가슴 한쪽이 아려왔지만 나도 행복감이 더 크게 밀려오는 걸 느끼고 있었다. 미정이는 이제 밝고 예쁜 소녀가 되어 평범한 일상으로 돌아가는 것이다.

미정이는 이제 더 이상 슬프다고, 화난다고, 밉다고 하소연하지 않는다. 자기 마음을 알아달라고 떼를 쓰지도 않는다. 그 대신 학교에서 친구들과 있었던 일들, 수업시간에 벌어진 재미있는 소동이나 선생님에 대해 이러쿵저러쿵 이야기를 늘어놓는다. 감정을 분출하는 놀이보다는 일상생활이나 친구들과의 관계를 표현하는 놀이, 즉 생산적인 놀이를 하고 싶어 하게 되었고 놀이보다는 수다 떠는 걸 더 즐기게 되었다.

한마디로 평범한 소녀가 된 것이다. 초등학교 4학년짜리 소녀가… 그 평범함이 눈부시게 아름다웠다.

살아갈수록 평범하게 살아간다는 것이 얼마나 어려운 일인지 새삼 깨닫곤 한다. 아기 때는 아기답게 충만한 애정과 관심 속에서 보호 받아야 하고, 청소년기엔 또 그 나이에 걸맞는 감정을 느끼고 행동하고, 그러면서 자연스럽게 성장할 때 비로소 어른으로서 필요한 인성을 갖추게 된다. 성숙한 자아를 바탕으로 사회 생활을 하며 제대로 된 부모로 살아가는 것이 평범하고 정상적인 삶이라고 할 수 있는데, 어느 한 시기라도 결핍되거나 부적절한 경험을 하게 되면 반드시 그 대가를 치르게 되는 것이 인생인 것 같다. 유아기에 부모의 사랑을 받지 못한 사람은 늙어 꼬부라져서도 유아적인 퇴행을 버리지 못하곤 하니까….

화사한 꽃으로 피어나

　　　　　　　　　　마지막 날. 미정이는 하얀 원피스를 입고 양 갈래로 단정히 묶은 머리에 앙증맞은 방울을 달고 왔다. 새삼 첫 번 방문 때의 미정이 모습이 떠올랐다. 부스스한 트레이닝복 차림의 소녀가 이렇게 예뻐지다니…. 예쁜 건 옷차림 때문만은 아니다. 반짝이는 눈망울, 충만한 호기심과 긍지가 온 몸에서 풍겨 나오니 예뻐 보일 수밖에….

　다시 오지 않을 곳이기에 가슴 속에 깊이 박아두기라도 하려는 듯 미정이는 상담센터 곳곳을 꼼꼼하게 둘러보고는 치료실에 들어선다.

그리고 씩 웃으며 말한다.

"선생님! 제 양말 좀 봐 주세요."

"응, 분홍 양말을 신고 왔네."

"이 양말, 기억나세요?"

"그럼. 미정이가 첫날 분홍색 양말을 신고 왔었지. 바로 그 양말이니?"

"네. 바로 그때 신었던 양말이에요."

"어머! 그 양말을 지금까지 신고 있었던 거야?"

"아뇨. 닳아서 구멍 날까봐 그동안 서랍에 보관하고 있었어요. 오늘은 선생님과 작별하는 날이라서…."

"이 양말이 소중했구나?"

"이 양말이 예쁘다고 하셨잖아요. 그 다음번에 신고 왔을 때도 알아보셨구요."

"양말이 예뻤던 게 아니야. 미정이 네가 예뻤던 거지."

"알아요. 이젠 저도 선생님 맘 알거 같아요. 그래두요, 전 이 양말만 보면 선생님이 생각나서 좋아요. 이걸 신으면 기분이 정말 좋아져요. 오래오래 간직할 거예요."

미정이가 가만히 내 품에 들어와 안긴다. 나도 꼬옥 안아주었다. 보드라운 아이의 몸이 참 싱그럽다.

나는 서로에게 선물을 주자고 제안했다. 돈으로는 살 수 없는 마음의 선물을…. 우리는 각자 구석에서 서로에게 줄 선물을 도화지에 그려 넣었다. 난 반짝이는 보석과 째깍거리며 움직이는 시계를 그려 주었다. 항상 자신이 중요하고 살아있는 존재임을 느끼길 바란다는 뜻으로….

미정이가 내민 도화지에는 파란색 화분에 활짝 핀 꽃이 가득 채워져 있었는데 날 쳐다보며 차분히 말했다.

"여기는 햇볕이 잘 드는 아파트 창가입니다. 화분에는 주인이 정성껏 돌보아준 덕분에 예쁘고 화려한 꽃이 피어있어요. 이 꽃이 바로 저랍니다."

말하지 않아도 미정이는 알고 있었던 것이다. 내가 어떤 선물을 원하고 있었는지….

상담실 문을 나서자 미정이 엄마가 내 손을 덥석 잡는다.

"고마워요. 선생님. 요즘 참 행복하답니다. 미정이가 성민이랑 큰 소리로 싸울 수 있는 것도 좋고, '엄마는…' 하며 눈을 흘기는 것도 좋아요. 남편하고도 잘 지내고 있어요. 싸움도 가끔 해요. 싸움을 하면 큰일 날 줄 알았는데…. 미정이도 아빠랑 많이 친해졌어요. 얼마 전에는 아빠한테 자전거를 가르쳐 달라고 하더군요. 눈치만 보던 녀석이 이젠 자기 생각을 당당히 밝혀요. 아빠도 좋아하는 눈치예요. 지난 일요일엔 하루 종일 자전거 타는 법을 가르쳐주더니 새 자전거를 사줬어요. 이게 다 선생님 덕분이에요. 하고 싶은 말을 하고 사는 법을 알려주셨잖아요. 고마워요."

나도 그녀의 손을 꽉 잡았다. 그게 마지막이었다. 미정이는 내 주소와 전화번호가 적힌 명함을 꼭 쥐고 상담실을 떠났다.

저 아이는 결국 스스로 해내고야 말았다. 냉담하고 무관심한 부모에게 상처받고, 애정을 갈구하다 좌절하여, 무너진 것 같던 자아를 되찾은 것이다. 부모의 도움 없이도 가족과의 화목한 관계를 만들어냈고 또래를 통해 부족한 애정을 충족하면서

긍정적인 힘을 찾아 자기만의 세계를 만들어가고 있는 것이다.
축하한다. 그리고 사랑한다. 미정아!

치료 과정을 모두 마친 한 달 뒤 미정이로부터 편지가 한 장 배달되었다.

"선생님. 제가 짜증내고 말도 안 듣고 그랬을 때에도 화내지 않아서 고마워요. 절 잊지 말아주세요. 전 선생님 영원히 기억할 거예요. 정말이에요. 저는 이제 자신감을 얻었어요. 들장미 소녀 캔디처럼 잘 해낼 거예요!
사랑해요 선생님!"